サッカー日本代表 W杯で勝つための監督論

徹底対談

代表監督に必要な資質とは?

山本昌邦×武智幸徳

序にかえて「最後のご奉公」

本書の製作を始めたのは2022年の夏ごろからだった。日本代表監督に必要な資質とはなんだろう。そんなテーマで日本経済新聞社の武智幸徳記者と忌憚のない話をしたいと望んだら、ベースボール・マガジン社が応じてくれて実現の運びとなった。

武智氏との対話は2022年秋のワールドカップ（W杯）カタール大会の前から始まり、カタール大会終了後の年内まで続いた。私は代表チームの戦いの現場に身を置き、その後は解説者としての立場から、武智氏は記者として客観的な立場から日本代表の戦いをずっと見てきた。その遠近感、視点の違いは対話を興味深いものにしたように思う。私も武智さんもカタールのW杯の日本代表の戦いについては、大会前からポジティブな見方しか持っていなかったので、実際に日本がドイツ、スペインを破ってグループリーグを首位で突破したときは、そろって快哉《かいさい》を叫んだものだ。

2023年に入って、驚くべきことが起きた。青天の霹靂《へきれき》とは、こういうことかと思った。いきなり日本サッカー協会（JFA）からナショナルチームダイレクター（ND）として日本代表を支えてくれないかという打診を受けたのである。「なぜ、私に？」というのが正直な感想だった。

実は本書の中で、私はドイツ代表の成功例を挙げながら、NDのような存在が日本代表にも必要だと力説している。日本では技術委員長の業務の中にNDの仕事が含まれるような形になっているけれど、技術委員長とNDは本来、別々の人間がやった方が良く、国際サッカー連盟（FIFA）も加盟各FA（サッカー協会・連盟）に対し、技術委員長とNDの分離を推奨していると聞いていたからだ。

それでは技術委員長とNDではどう仕事の中身は違うのか？　ここで簡単に触れてみたい。JFAの技術委員会はその名が示すとおり、いかにして日本サッカーの競争力を上げていくかを日々研究する機関である。委員会は「強化（U－15代表からA代表まで）」「指導者養成」「選手育成」「普及」という4つの部会で構成され、全部会・全部員を束ねるトップが技術委員長。現在は、２００８年北京五輪代表監督でイビチャ・オシムさんの下でA代表のコーチ経験もあり、Jリーグの新潟や松本山雅も率いた反町康治氏が委員長を務めている。仕事の中では「強化」のところが何かと目立つけれど、実際は指導者養成やらグラスルーツからシニアまでのサッカーの振興やら、いろいろなことに関わるから、仕事の範囲は広く、長く、深い。

ＮＤの仕事は、それに比べれば、はるかに限定的で、代表チーム回りに特化したものとなる。マッチメークや合宿地の選定など事前の準備から大会中のオペレーションなどに携わり、各カテゴリーの代表選手、監督、スタッフが力を最大限に発揮してくれるように態勢を整えるのが主な仕事になる。代表に選手を送り出してくれる内外のクラブ、大学、高校などと各代表監督の間に入って調整役も引き受ける。

ＦＩＦＡが技術委員長とＮＤの分離を求める理由は、こうやって仕事の中身を紹介するだけでも分かってもらえるだろう。技術委員長とＮＤでは仕事の時間軸が違うのである。代表チームはどこの国・地域のFAにとってもシンボルであるだけに、その成績次第で称賛されたりバッシングを受けたり、評価は激しく乱高下する。W杯や各大陸選手権で惨敗したりすると代表監督だけでなく、技術委員長も連帯責任を取らされることが往々にしてある。FIFAはこれを非常に問題視しているのである。技術委員長とは本来、普及や選手育成、指導者養成、代表強化をすべて横串にして10年、20年のスパンでその国のサッカーの繁栄を考えるべき扇の要のポジション。そういう立場の者がW杯などの成績と紐づけられて監督と一緒にころころと代わるようでは、腰を落ち着けて長期的な成長戦略を練ることなどできない。継続性は担保されず、すべてが場当たり的になってしまう。それを避けるには技術委員長と代表監督の間に緩衝材になる人間がいる、チームにとっても代表専任で動ける人間がいた方が仕事の効率は上がる、それがNDというわけだ。

この考えに賛同する私は、武智氏との対話の中で「反町さんを補佐し、森保監督を助ける代表チーム専任のダイレクターが必要だ」と説いていた。そうしたら、よりによってその役が23年になって自分に降りかかってきて仰天する羽目になったのである。

折しも、ロシア大会に続いてカタールのW杯もグループステージで敗退したドイツサッカー連盟（ＤＦＢ）は23年1月に新しい人事案を発表した。２０１４年W杯ブラジル大会の優勝に貢献するなど、長年、代表のダイレクターとして功のあったオリバー・ビアホフ氏に代えて、元ドイツ代表のストライカー、ルディ・フェラー氏を後任に据えた。人は代えてもポジションは残すということは、この仕事の有効性をＤＦＢは認めているということ。そんな大役が自分に務まるのか。散々悩んだ末に、日本サッカー全体の発展につながることに意義を感じて引き受けることにした。

１９９０年代の日本ユース代表のコーチを振り出しに、私はＪＦＡでいろいろな仕事に携わってきた。西野朗監督の下で28年ぶりの五輪（１９９６年アトランタ大会）出場を決めたり、フィリップ・トルシエ監督の下で２００２年W杯日韓大会で初のラウンド16進出を果たしたり。それがコーチ時代の良き思い出なら、２００４年アテネ五輪では監督としてチームを率い、グループステージ敗退という悔しい思いもした。

そんな戦いを通して、日本代表として戦うことの誇り、責任、喜び、苦しみは、それなりに知っているつもりでいる。過去のそんな経験を買われて、ここ数年は技術委員会の強化部会の一員としてアンダー世代の代表チームの活動をサポートしてきた。しかし、NDとなると仕事の中身は格段に複雑になり、ハードルも高くなる。生半可な気持ちでは、とても引き受けることはできず、自分としては「最後のご奉公」のつもりで腹を決めた。

日本の場合、NDは新設のポストではない。直近では2020年3月から11月まで関塚隆氏（Jリーグ・川崎フロンターレ、ロンドン五輪代表監督などを歴任）がこの仕事に就いていた。関塚氏が退くと、反町技術委員長が代表チームのバックアップを一手に引き受けるようになった。2021年の東京五輪、2022年W杯カタール大会と、反町技術委員長は実質的にNDとして見事に代表チームを支えてこられた。そんな反町技術委員長から後事を託されることになり、身の引き締まる思いでいる。

NDの最大のミッションは各代表チームのバックアップであり、一つ一つの大会が勝負になる。新型コロナウイルスのパンデミック（感染爆発）が終息に向かいつつあることと反比例して、サッカーの活動はどんどん活発になっている。軒並み延期されていたアンダーエイジのW杯もU－20、U－17とも2023年に開催予定だ。うれしいことにU－20の日本代表はアジア予選を勝ち抜いて本大会出場を決めた。24年1月には覇権奪回を懸けたA代表のアジアカップが開催される。夏のパリ五輪では68年メキシコ五輪銅メダル以上の成績が期待されている。各カテゴリーの代表監督、スタッフ、選手と気持ちを一つにして、すべてのカテゴリーが〝チームベスト〟を更新できるように、微力ながらチームを支えていきたいと思っている。

2023年4月

山本昌邦

※選手、監督の所属先は2023年4月現在。

第1章

森保一

～積み上げと聞く力と戦術、戦略の勝利～

森保 一

もりやす・はじめ／1968年８月23日、静岡県生まれ、長崎県育ち。現役時代のポジションはＭＦで日本代表として93年ドーハの悲劇を経験した。広島のほか、京都や仙台でもプレーし、03年シーズンを最後に現役引退。翌年から広島強化部のコーチやＵ－19代表のコーチ、広島、新潟のトップチームコーチを務め、11年に広島の監督に就任。17年７月に辞任するまでＪ１で３度の優勝を成し遂げた。同年10月、東京五輪代表監督に就任し、翌18年７月からはＡ代表監督を兼任。日本代表史上初めて日本人監督として予選からＷ杯本大会までの４年間指揮をとる監督となった。カタールＷ杯では世界を驚かせ、22年12月28日に続投が決定した。

在任期間	2018年7月－
主な大会の成績	アジアカップ準優勝（19年）、東京五輪ベスト4（21年）、カタールW杯・ラウンド16（22年）
就任背景	17年に東京五輪監督に就任し、18年7月からはA代表の監督を兼任。日本選手の特徴を知り、海外組がますます増えていく中で選手と円滑なコミュニケーションを取ってチームをまとめ上げる指導者が求められた。
事績	「いい守備からいい攻撃」をコンセプトにチームの強化を図り、兼任監督として1チーム2カテゴリーで選手の層の拡充に成功。W杯本大会では大胆な采配を見せて2つの優勝経験国を破った。

2022 カタールW杯メンバー

Pos.	No.	名前	所属(当時)
GK	1	川島永嗣	ストラスブール(FRA)
	12	権田修一	清水エスパルス
	23	シュミット・ダニエル	シント=トロイデン(BEL)
DF	2	山根視来	川崎フロンターレ
	3	谷口彰悟	川崎フロンターレ
	4	板倉 滉	ボルシアMG(GER)
	5	長友佑都	FC東京
	16	冨安健洋	アーセナル(ENG)
	19	酒井宏樹	浦和レッズ
	22	吉田麻也	シャルケ(GER)
	26	伊藤洋輝	シュツットガルト(GER)
MF	6	遠藤 航	シュツットガルト(GER)
	7	柴崎 岳	レガネス(ESP)
	8	堂安 律	フライブルク(GER)
	9	三笘 薫	ブライトン(ENG)
	10	南野拓実	モナコ(FRA)
	13	守田英正	スポルティング(POR)
	14	伊東純也	スタッド・フランス(FRA)
	15	鎌田大地	フランクフルト(GER)
	17	田中 碧	デュッセルドルフ(GER)
	24	相馬勇紀	名古屋グランパス
FW	11	久保建英	レアル・ソシエダ(ESP)
	18	浅野拓磨	ボーフム(GER)
	20	町野修斗	湘南ベルマーレ
	21	上田綺世	セルクル・ブルージュ(BEL)
	25	前田大然	セルティック(SCO)
監督		森保 一	

RESULT

■ カタールW杯

- 2022年11月23日
  (GS@ハリファ/ライヤーン)
  日本 2－1 ドイツ
  得点:(日)堂安律、浅野拓磨
  (ド)ギュンドアン

- 2022年11月27日
  (GS@アフメドビンアリ/ライヤーン)
  日本 0－1 コスタリカ
  得点:(コ)フレール

- 2022年12月1日
  (GS@ハリファ/ライヤーン)
  日本 2－1 スペイン
  得点:(日)堂安律、田中碧
  (ス)モラタ

- 2022年12月5日
  (ラウンド16@アルジャヌーブ/アルワクラ)
  日本 1－1(1PK3) クロアチア
  得点:(日)前田大然
  (ク)ペリシッチ

代表人気を回復させたカタール大会

武智　2022年のワールドカップ（以下、W杯）・カタール大会を戦った森保監督はいろんな意味で大きなインパクトを残してくれました。絶望的な組み合わせと言われたグループEでドイツ、スペインという優勝経験のある国を破り、見事な首位通過を果たしました。ラウンド16の戦いはクロアチアにPK戦で敗れましたが、前回準優勝、今回は3位に輝いたクロアチアと堂々と渡り合いました。アジア予選をフルに戦い抜いた初の日本人監督だった森保さんは本大会でも立派な成績を残してくれたわけです。

山本　見事なものですよ。「あっぱれ」としか言いようがないでしょう。

武智　そんな森保監督の歩みを振り返りながら、カタール大会から見えてきたものをベースに今後の日本サッカーの在り方について、あれこれ伺っていきたいと思います。最初に伺いたいのは森保監督の特異性についてです。

山本　というと？

武智　森保さんは２０１７年にまず東京五輪代表の監督になり、２０１８年のＷ杯ロシア大会後に兼任という形でＡ代表の監督にもなりました。東京五輪のホスト国だったことで２つのチームを率いることができ、そのメリットを最大限に生かすことができたように思います。これがホスト国じゃなくて、五輪をアジア予選から戦うことになっていたら、Ａ代表との兼任は日程的にあちこち無理が生じて、とてもじゃないけど体が足りなくなっていましたよね。

山本　２００２年日韓Ｗ杯に向かうトルシエ監督と似た形ではありました。２０００年シドニー五輪の監督と兼務したトルシエさんの場合は、Ｗ杯の共催国としてワールドカップのアジア予選の方が免除されていました。

武智　トルシエさんは１９９９年のワールドユース（現Ｕ－20Ｗ杯）の監督までやりましたもんね。

山本　はい。３つのカテゴリーを指揮した稀有な例で、そのメリットを最大限に引き出したと思います。U－20のメンバーを成長させて1999年のワールドユースで準優勝し、その主力メンバーはU－23の2000年シドニー五輪代表の骨格になりました。そこで活躍したメンバーはさらに2002年の日韓大会でも活躍しました。

武智　日韓大会で2得点した稲本潤一はそのシンボルでした。

山本　この3つのカテゴリーのバトンリレーを「フラットスリー」と呼ばれた共通のプラットホームを使ってスムーズにやってのけたのがトルシエ監督でした。

武智　森保監督の場合は横内（昭展）さんという、五輪チームの準備段階で指導をある程度任せられる信頼できるコーチがいたことも大きかったように思います。ロシア大会で日本代表を率いた西野朗さんですが、森保監督が五輪監督になる際にはまだ技術委員長でした。

山本　そうですね。西野さんが技術委員長で私が副委員長でした。経緯について詳しく話すのは難しいですが、当然、五輪監督要請にあたっては、西野さんは森保監督と会ってディスカッションをしました。われわれが確認したかったのは、どういう風にチームをつくり、どういう熱意を持っていて、どういう要望があるのか、でした。メダル獲得というプレッシャーのかかる東京五輪の仕事を依頼するわけですから、相当な胆力も必要になると思っていました。

武智 それまでの森保監督をどう評価をしていたのですか。

山本 ご存知の通り、サンフレッチェ広島の監督としてＪ１で３回の優勝を経験していますし、実績は申し分ないわけですよ。ＪＦＡで育成にも携わり、吉田靖監督の下でU-20日本代表のコーチを務め、２００７年のU-20W杯も戦っている。

武智 カナダ大会でしたね。調子乗り世代とか言われていましたけど、あのチーム、私は結構好きでした（笑）。ＧＫ林彰洋、ＤＦに内田篤人、安田理大、槙野智章、ＭＦに柏木陽介、香川真司、梅崎司、河原和寿、ＦＷに森島康仁らがいて。今から思うと、あのチームもＰＫ戦でチェコに敗れてベスト16止まり。決勝まで勝ち上がったチェコはセルヒオ・アグエロやアンヘル・ディマリアがいたアルゼンチンに敗れました。

山本 そうでしたね。そういう多彩な前歴を含めて有力な監督候補であることは間違いなかった。それで西野さんが話す機会を持ったんです。

武智　A代表はすでに2015年3月からヴァイッド・ハリルホジッチさんが率いていました。16年のリオデジャネイロ五輪が終わると、いよいよ東京五輪の監督を決めなきゃいけないという状況でしたよね。

山本　ターニングポイントの一つは、JFAの会長選挙で2016年3月に田嶋幸三さんが新会長に選ばれたことでした。そこから技術委員長（強化担当）が霜田正浩さんから西野さんに代わりました。

武智　リオ五輪の日本代表は手倉森誠監督の下、1勝1分け1敗の勝ち点4で3位となり、準々決勝には進めませんでした。最終的に銅メダルを獲得するナイジェリアと4－5なんてド派手な試合もしました。手倉森監督はリオ五輪の後はハリルさんの下でアシスタントコーチの仕事を続け、次の東京五輪のチームを誰に任せるかが注目されていました。森保監督は2017年7月にサンフレッチェ広島を退団し、フリーな状態でしたね。

山本　いろいろな候補をリストアップした中で、西野委員長と森保さんがディスカッションしてからは比較的、とんとん拍子に話が進んだ記憶があります。

武智　東京五輪世代のU－20はチームとしてすでに動いていましたよね。監督は内山篤さんで、2017年7月に韓国でU－20のW杯がありました。

山本　そうです。

武智　残念ながらラウンド16でベネズエラに延長で負けてしまいましたが、ここから冨安健洋、中山雄太、堂安律、板倉滉、飛び級の久保建英ら現在のA代表の主力に育った選手がかなりいます。

山本　はい。翌年1月に中国でU－23アジアカップが開催されるのですが、そこに日本は東京五輪を戦うチームの強化を狙い、1カテゴリー下のU－21代表を送り込むつもりでいた。つまり、そこが東京五輪に向けて本格的な始動になるので、そのU－21の監督をどうするかということが喫緊の課題になっていたわけです。

武智　そこでその監督に森保さんを指名するわけですね。

山本　西野さんの頭の中には日本サッカーの未来があったと思います。

武智　未来というのは？

山本　日本人の指導者を育てて、日本代表を任せるに足る人材の層を確実に厚くしていかないとダメだということです。五輪監督の先に、A代表を率いるくらいになってほしいという考えは西野さんの頭の中にあったと思います。そのことについて、森保監督がどう感じていたかは知りませんが、西野さんが森保監督に期待していたのは確かです。「ポイチが成長して、そうなったらいいな」という話をしていたこともありました。

武智　2人に共通点はありますか？

山本　2人とも情熱がすごいというのは感じますね。自国開催の五輪なんて一生に一回あるかどうかのことですから、森保監督からも並々ならぬ思いが伝わってきたそうです。

武智　驚いたのは、その後、西野さん自身が18年のロシア大会前に、ハリルさんに代わってA代表の指揮を執ることになったことです。ハリルさんと選手の間に修復不能な溝ができてしまったらしく、このままではまずい、ということになって。

山本　それから西野さんは、ロシア大会の代表チームに五輪の森保監督もコーチとして連れていくことにしました。

武智　西野さんは、森保監督にW杯の戦いとはどういうものか、見せておきたかったわけですね。ロシア大会で森保監督がW杯をコーチとして経験したのはカタール大会の成績に大きく関わっていますか？

山本　あのロシア大会を丸々経験したのは大きな財産になったと思いますよ。スクランブル的に監督に就任し、絶望的な論調があふれる中で、どう西野さんが短期間にチームを戦える状態に持っていったか。W杯ではチームの中でどんなことが起きるのか。つぶさに観察していたわけですから。これはある意味、驚くべきことなんですが、W杯の経験を積んだテクニカルスタッフからA代表の監督になった例は、それまで日本ではなかったんですよ。

武智　言われてみれば確かにそうですね。日本人監督に仕えようが、外国人監督に仕えようが、W杯を戦った代表のテクニカルスタッフからその後、A代表の指揮を任された人は皆無ですね。

山本　2度目の監督をやったときの岡田さんは1度目の自分の経験がありましたけど、それ以外は一例もない。そういう意味で森保監督の場合は吉田麻也や長友佑都らと一緒にロシアで戦い、過酷な大会をともにした経験があった。それを糧にA代表の監督になった。だからこそ継続性があって、西野さんから森保監督へのバトンリレーが、2大会連続のベスト16という形で、かつてないほどうまくいったのだと思います。チームのコンセプトも日本人の特徴をよく踏まえていた。西野さんの良いところを引き継いで、自分の色を出していくということもできていたと思います。

武智　コミュニケーションの面も問題ないですよね。

山本　これはもうずっと言ってきたことですが、日本の選手の良いところを引き出せる人が良い監督だと思うし、日本の選手のポテンシャルを最大限に引き出せることが日本代表にふさわしい監督だと思います。選手が力を発揮できる環境をどうつくるか。力を発揮させるためのコミュニケーションはもちろん大事です。高圧的な指導ではそれは難しい。

武智　西野さんの腹案として、ロシア大会の後はA代表の監督も森保さんで、ということはあったとして、そこはすんなり決まったのでしょうか。

山本　ロシア大会の後、西野さんが監督を続けるのが一番だという意見もありましたが、西野さん本人はチームがピンチになって緊急登板したけれど、ロシア大会が終われば「自分の務めは終わった」という考えだった。それで後任選びは、関塚隆・技術委員長を中心に進めることになりました。

武智　関塚さんは、西野さんが代表監督になったのと同時に、技術委員長に就いたんですよね。選ぶ方（技術委員長）と選ばれる方（代表監督）が同一人物ではつじつまが合わないということで。ロシア大会から東京五輪を経由してカタール大会に挑む。その継続性をメインに据えるなら森保監督が適任ではないかということは、関塚委員長の考えも西野さんと一致していたんですね。

山本　違う素材だったら、違う人がいいかもしれない。例えば、アルゼンチンのリオネル・メッシやフランスのキリアン・エムバペをいかに代表チームでうまく使うかというのが最大のテーマだったら、他の適任者を当たらなければならないかもしれない。ただ、日本の選手の力をどうやって存分に発揮させるかとなったら、世界には探せばもちろんいるでしょうけれど、金銭面も含めいろいろな条件を考えると、候補は絞られてくる。日本からの目線で考えることは大事で、継続性というところは、特にプラスに働いたと思いますね。

武智　そういう話をうかがうと、森保監督の次、あるいは次の次も考えて、テクニカルスタッフの人事をつないでいくことはとても重要ですね。

山本　これからもっと上を目指そうということであればね。でも、そこはあまり心配しなくてもいいのではないですか。これからワールドカップを選手として経験したとか、海外のクラブで選手経験を積んだ指導者が、どんどん出てきますから。その競争の中から「日本を世界一にする」という志を立てて、代表スタッフに加わる者も出てくるはずです。

武智　本田圭佑さんはワールドカップ優勝監督を目指すと宣言しています。

山本　これから先の未来を見たときに、そういう野心を持った人物が指導者のライセンスを取得して、がっつりやるようにならないといけない。今は、ちょうど分岐点なんだと思います。新しい歴史は始まりつつあるんですよ。

武智　監督としての国際経験を積むと言う意味で、森保監督は２０１５年にクラブ・ワールドカップで3位になったりしていますが、東京五輪を経験したことはやはり大きかったのでしょうね。

山本　カタール大会に臨んだチームには、東京五輪に出場した選手がオーバーエイジ（ＯＡ）も含め、13人も入っています（選出もケガでW杯不参加の中山雄太含む）。五輪代表の強化と並行してA代表のチームづくりを進めていたので、そういう意味では積み重ねた試合数は多い。

武智　東京五輪のＯＡには吉田麻也がいて、酒井宏樹がいて、遠藤航がいた。彼らを土台に……。

山本　前の方には若くて勢いのある、スピードのあるアタッカーをそろえた。カタール大会のチームの骨格は東京五輪である程度、見えていました。そこからブレずに継続してチームづくりを進め、日本の選手の良いところを限りなく、最大限のところまで引き出してくれたと思います。

武智　カタールのチームは「東京五輪バージョン２」と言えるチームだったと私も思います。

山本　組分けが決まったとき、同じグループにドイツ、スペインがいて、もう日本のＷ杯は終わったなみたいな雰囲気がありましたよね。私は「５割の確率で勝てる」とさんざん言っていました。カタール大会が始まる前のＮＨＫの特番で「ドイツには５割、スペインは４：６で、コスタリカは７：３で勝てる」と言いました。だから勝ち点４以上は確実だと言ったのに、全然、取り上げてくれなかった（苦笑）。

武智　ところが、ドイツに勝った途端に手のひらが返り……（笑）。私は逆にドイツは厳しい相手だけれど、スペインには勝てると周りに吹きまくっていました。誰も信じてくれませんでしたが（笑）。まあ、そんな恨み言はどうでもよくて、とにかくカタール大会で勝って、サッカーが注目されるようになったのは良かったです。

山本　確かに。今回はメディアでも多く報じられ、少年団の指導者の方に話を聞いたら、子どもたちの入部希望者もすごく増えたそうです。新入生は別にして、2年生や3年生に進級する子がサッカーを始めたいと言い出したとか。サッカースクールもキッズの申し込みの数がすごくて、例年の倍以上だと言っていました。「三笘の1ミリ」とか言いながら、子どもたちがスライディングしてボールを蹴っていると言うんですから。

武智　カタール大会の大きな成果の一つですよね。代表人気が少し落ち込んでいたところで、大きく回復させた。

山本　そこは明らかですよね。

武智 ドイツやスペインに勝ったことで、今後の代表戦はしばらく盛況でしょう。

山本 プラチナチケットかもしれませんよ。

大きかった1チーム2カテゴリーの強化術

武智 ここからはカタール大会の話を進めていたいと思います。まず、この大会は始まる前から「異形のW杯」と称されていました。通常は欧州サッカーのオフシーズンである6月から7月にかけて行われるものが、暑さを避けるためにシーズン途中の11月から12月にかけて行われました。秋田県ほどの大きさの国土に8会場が集約されたコンパクトな大会でもありました。シーズン中ということで欧州各国ではリーグ戦が大会直前まで行われ、大半のチームが準備合宿に時間を割けなかった。大会の1週間前までクラブで試合に出ていた選手もいました。

山本 準備は、どこも厳しかったと思います。コンディション不良のまま代表チームに合流したり、調整する時間が足りなかったりするケースもあったでしょう。故障を抱えたままプレーした選手、フランス代表のカリム・ベンゼマのようにケガでチームを去った選手もいた。でも日本に関していえば、先ほども言ったように『東京（五輪）経由カタール行き』で強化を進めてきたからコンビネーションにはそれほど困らないし、パッと集まっても、みんなが理解し合える関係を築けていた。誰が入っても大丈夫なように、それまでにいろいろなことを試しながらやってきたので。これは想像ですけれども、チームがブレることはなかったんじゃないですかね。

武智　日本に関していうと『戦略の勝利』というところもあったように思います。グループステージの試合、一つ一つを見れば、森保監督が立てた戦術がはまった試合もあれば、はまらなかった試合もあると思いますが、一歩引いて見てみると、大会を通して戦略の勝利というものを感じます。山本さんがアテネ五輪の監督を務めていた頃、世に広めた「アテネ経由ドイツ行き」というフレーズがあるじゃないですか。アテネ五輪で経験を積んだ選手が2年後のドイツのW杯の主力になる、そういうパスウェイをつくるんだと。それはその後、メディアの常套句《じょうとう》になり、「北京経由南ア行き」「ロンドン経由ブラジル行き」と使ったりしたのですが、必ずしも思い通りにならなかった。というのも、五輪から2年でフル代表の主力になれるほど選手は急伸せず、アテネ五輪組でいえば、松井大輔や大久保嘉人、田中マルクス闘莉王、駒野友一、阿部勇樹、今野泰幸らがW杯の戦力になったのはドイツをスキップして次の南ア大会でした。

山本 次の北京五輪組も本田圭佑と長友佑都を除くと、森重真人、香川真司、吉田麻也、内田篤人、岡崎慎司らがW杯でレギュラー扱いされたのは南アではなく次のブラジル大会でした。

武智 実際には「アテネ経由南ア行き」「北京経由ブラジル行き」になったわけです。五輪代表の選手がA代表の選手からポジションを奪うのは、それだけ簡単ではないということだと思うのですが、いろいろと理由がある中で、やっぱりA代表と五輪代表で監督が別だったというのも大きい気がするんですね。アテネ五輪の監督だった山本さんがいくら「アテネ経由ドイツ行き」と唱えても、当時A代表の監督でドイツ大会に臨むジーコさんにその気がないと、やはり難しいですよね。A代表はアジアカップやW杯をターゲットに、五輪代表はオリンピックをターゲットに別々に走っているわけですから、走れば走るほどチームは別個に固まっていく。それを五輪が終わった後に融合させて一本のレールの上を走らせるのは想像以上に難しい作業なんだと思います。

山本　今回のカタール大会で「東京経由カタール行き」がうまく実現したのは、そういう意味ではA代表と五輪代表を森保監督が兼任し、両方をうまくやり遂げたからだというのは当然あると思います。

武智　一人の監督がA代表も五輪代表も同じ目線で見て、チームの優れているところ、足りないところ、選手の優れているところ、足りないところをつぶさに観察し、パッチワークのように組み立てていけるわけですから。トルシエさんが3つのカテゴリーをスムーズに連結させることができたのも、全チームを自分の目で見ていたからですよね。東京五輪のホスト国のメリットを最大限に生かすということをベースに、大きなところで、いい設計図が描けていたんじゃないかと思うんです。

山本　それについて言うなら、田嶋会長と技術委員長だった西野さん、関塚さんの間で多少の意見の違いはあっても、日本人の指導者を育てなければいけない、継続性を重視しようというところで共通認識があった。また、関塚さんの後で技術委員長を引き継いだ反町康治さんも「1チーム2カテゴリー」というコンセプトを発信して、その路線をさらに強く推し進めてくれたのは大きかったと思います。

武智　A代表と五輪代表という2つのカテゴリーの列車を走らせているようで、実は1つの列車なんだと。実際にその通りになりましたからね。

山本　戦略という意味では「育成日本の復活」を掲げた田嶋さんが2016年に会長になり、その中でアンダー世代も含めて代表で戦うことの厳しさを知る人を重用したことも大きかったと思います。1996年のアトランタ五輪監督だった西野さん、2008年北京五輪監督だった反町さん、2012年ロンドン五輪監督だった関塚さんと、みんな代表強化に心血を注ぎ、代表の重みや怖さ、難しさをわかっている人たちだった。

武智　副会長はW杯を2度戦った岡田武史さんですし。

山本　そうですね。そういう人たちが森保監督を陰に陽にバックアップしていた。

武智　そして今回はカタールで森保監督がドイツ、スペインを破る快挙を成し遂げてくれた。

山本　森保監督についていえば、我々とはケタ違いの経験を今回したわけです。アジア予選からフルに戦い、本大会の修羅場もくぐり抜けた。これは現在進行形で大きな財産になっていくと思っています。今後もこういうオールニッポンというか、みんなの力を結集して日本サッカーを前に前に進めていきたいですよね。森保監督は折に触れて岡田さんに相談していると聞きますし、西野さんにも相談しているそうです。そういう相談できる人が増えてきたことは、そのまま日本サッカーの血肉になり、厚みになりますよ。岡田さんが98年に最初にW杯に臨んだときには、その舞台を知っている人が誰もいなかったわけですから。相談できる人は日本にいなかったんですから。

武智　本当にそうですね。森保監督もそうやって相談される側の一人にいずれなっていくわけですね。

山本　２０２４年のパリ五輪を目指す大岩剛監督もその層の厚みにつながっていくと思うし、ぜひ頑張ってほしい。

何らためらいなく選手に問いかける聞く達人

武智　山本さんは、森保監督について、監督としての強みをどう見ていますか。

山本　まずは、コミュニケーション能力があるということですよね。選手が何を考えているかを引き出せる指導者だと思います。とにかく、よく人の話を聞く。「こうしろよ」とか上から言うような監督ではないですよね。選手の意見を聞き、いろんな考え方が出た中で、選択することができる。最終判断は自ら下しますが、テクニカルスタッフの分析も参考にしつつ、良い選択をしていくという監督像ですかね。何もかもを自分で決める感じではないですよね。いろんな選手の話を聞くし、選手がやりたいこと、考えていることを最大限に引き出せる監督だと思います。調整力がある。

武智　確かに。

山本　簡単に言うと、ピラミッドの頂点から下に向かって何かを指示する感じではなく、最後の決断は自分で下すけれども、立ち位置としては輪の中心にいて、みんなと同じ目線で話す。その懐の深さが輪を広げることにもつながる。その輪の真ん中にいるタイプだと思います。森保監督は「自分は世界を知らないから、世界で戦っている選手たちの話をよく聞く」と言っていました。そこに彼の考え方、姿勢が表れていますよね。大事なことは選手の力を引き出すことだから、選手の話をよく聞くことで、それを成し遂げようと思っているんですよ。

武智　カタールのW杯というタイミングで、日本代表の監督を務めるのには一番いい指導者だったのかもしれませんね。実際に森保監督がどの程度、選手の話を聞いているのか、私には詳しくはわからないですが、今の日本代表の選手の話は私だってじっくり聞きたいくらいです。例えば、イングランド・プレミアリーグのブライトンのデ・ゼルビ監督はどんな風にビルドアップの練習をしているの？　とか。本当に三笘薫に聞きたいです。

山本　聞きたいですね、確かに。

武智　ブライトンの試合を見ていたら普通に思いますよね。新鮮な驚きがありますから。それは冨安健洋に対しても同じです。好調アーセナルのアルテタ監督はどんな練習をさせているの？　と当然、聞きたくなりますよね。代表選手が所属するチームのレベルが上がっていくということは、代表監督の知的欲求を満たす、そういう付随した喜びもあるような気がするんですね。リバプールでプレーしていた頃の南野拓実には、ユルゲン・クロップのゲーゲンプレスの練習について聞けるわけでしょ？

山本　そういうことを素直に聞ける監督ならね（笑）。

武智　そんなことを聞くのは代表監督の沽券《こけん》に関わるみたいな？（笑）。「アルテタより俺の方が上だよ、みたいな」（笑）。森保監督にはそういう狭量なところはないんじゃないですか？　まったくの想像ですけど。日本代表の選手たちが日々クラブで体感していること、リアルな情報を一番の特等席で聞こうと思えば聞けるのが、今の代表監督でしょう。その情報量は海外組が一人もいなかった時代と比べれば圧倒的に増えたんじゃないですかね。だとしたら、それはすごくいいことですよね。

山本　まさしくそうですよ。そういう対話を森保監督は繰り返していますからね。

武智　それは有意義なことですよね。

山本　主語が違うんですよね、森保監督は。彼が話すときは「私」ではなく「君たち」が主語になる。選手たちに問いかけるわけです。「君たちはどう思う？」という具合に。ヨーロッパ視察のときにもいろいろなことを聞いているはずです。その中で「日本代表は何ができると思う？」とも聞いているでしょう。そうやって「こうやったらもっと良くなる」という考えを彼の中で集約して、蓄積している。今は映像がすぐに手に入り、戦術についてはテクニカルスタッフがいるから分析も素早くできる。それとは別に、選手から生の実際の話を聞けるのはとても重要なことですよ。それをこの4年間やってきて、その蓄積というのは相当なものになっていると思います。

武智　山本さんがコーチの時代なら、中田英寿に「（ローマの監督だった）ファビオ・カペッロってどんな練習をさせているの？」と聞くことはできたでしょうけれど、数は限られていたわけですよね。それが今は、ほぼ代表選手の全員が海外組で、彼らから興味深い話を聴ける時代になったわけですよね。だとしたら、それを有効に活用すれば、さらにチームも監督も伸びていくような気がします。

山本　森保監督は『聞く達人』ですよ。自分から話しているよりも、人から聞いている印象の方が強い。いつも人の話を聞いていて、大事なところで、「これどうなの？」と問いかけるイメージですね。

武智　その聞く達人が、初戦のドイツ戦で、多くの人が驚くことをやってのけた。山本さんはあの試合をどう見ていましたか。

山本　前半は厳しい内容でした。ドイツの狙い通りの展開で、日本は防戦一方。ただ後半に向かう中では、上からテクニカルスタッフが見ていていろいろな情報が入ってきたはずだし、前半を0－1で終えることは想定内だっただろうと。逆転へ向けて手を打つ準備ができていたということです。あれが0－2になって折り返していたら状況はまた違っていたと思うんですけど、これはなんとかなると思えたはずです。ハーフタイムのとき、NHKのブースの向こうに西野さんがいたんですが、みんなが圧倒された前半を終えて「やばいですよね」みたいな心境になっているときに、西野さんは「想定内じゃないですか」ときっぱり言っていました。そうしたら後半は見事に戦術を変えて逆転した。いつから準備してきたかはわからないですけど、前半の日本は4－2－3－1の布陣で伊東を右のサイドハーフで使っていた。すると対面するドイツのサイドバック、ラウムの上がりに対応しなければならず、攻撃の良さを出せなかった。後半から日本は久保建英をベンチに下げてDFラインに冨安を入れて3－4－2－1に変更した。それで伊東は右のウイングバックになって攻撃力を徐々に発揮できるようになった。

武智　前半は守備にかなり追われましたよね。0－0で折り返せたら十分という狙いはあったのでしょうが。

山本　後半は3バックに（5バック）にすることで自陣のペナルティーエリア近辺でプレーする相手選手を抑え、伊東の負担を軽くし、前に残れる機会が増えるようにした。引くときは引いて5枚で守る。そういうメリハリをつけた。そうやって相手を戸惑わせておいて、長友を三笘に、前田大然を浅野拓磨に代えるカードの2枚替えを57分に行い、相手をさらに困らせた。選手交代と戦術の変更が完全に当たりました。次々と先手を打って、75分の堂安律の同点ゴール、83分の浅野の勝ち越しゴールで逆転に持っていくわけですが、相手に修正するスキを与えませんでしたね。もちろん、森保監督が一人で考えたというよりも、スタッフも含めてグループで考え出したことだと思います。

武智　W杯の一番大事な初戦に、それまで見せてこなかった手を打った。今は対戦相手の外形的な情報はすぐに手に入る時代ですし、どのチームも丸裸に近い形にされて大会に臨むじゃないですか。たとえドイツが油断していたとしても、日本の試合を何試合も遡って見て、どんな選手がいて、どんな戦いをしてくるかはさすがに研究済みだったと思います。その中で見事に、相手の予想の範疇《はんちゅう》を超えました。

山本　前半は完全にドイツの分析が上回りましたよね。こういう風に日本はプレスをかけてくるだろうというところで、ラウムを上げてきたと思うし、それによって伊東の能力がピッチ上から消された。日本の強みやプレスが機能しないように準備されていた。でも、前半を0－1で踏ん張ったことで、見事に修正が機能して、今度はドイツが後手、後手に回っていった。前半だけ見たら、ドイツのゲームプラン通りです。プレスをかいくぐって、崩してペナルティーエリア内に進入して点を取る。実際のゴールはPKでしたが、そこまで入り込んだから、日本はPKにつながる反則を犯すことになった。ただ、先制点を取ったことでドイツは自分たちがやっていることに間違いはないと安心したのかもしれない。安心の壁1枚向こうには慢心があるんですよ。このままやれば、後半も何点でも取れると思った。「このままでいい」「さっさと2点目、3点目を取ってカタをつけようぜ」みたいなノリでハーフタイムを過ごしたことが想像できます。

武智　それが日本には、好都合だった。

山本　後半、想定外のことがドイツに起きたと思うんですよね。あれだけ攻撃のカードを次々に切ってくるとは思わなかったはずなので。

武智　日本が、内股に対して内股透かしみたいな、予想外の〝返し技〟を持っていたのはすごいと思います。布陣こそ、5－4－1で守っているように見えるけど、最終ラインとアンカーの遠藤を除くと、ピッチにいるのは攻撃の選手ばかりみたいな。75分の堂安の同点ゴールに関わったのが、57分に投入された三笘、71分に投入された堂安、75分に入ったばかりの南野拓実だったことも鮮烈というか、神がかり的でした。日本代表を見ている我々も知らなかった形なわけだから、それをドイツが知るわけがない。スカウティング全盛の情報化時代の逆手をとるみたいなことをW杯本番でやってのけた。本当にすごいと思いました。

山本　多くの経験をしないと、そういう発想は出てこないですよね。そして経験値がないと、考えが浮かんでも実行できない。森保監督はロールモデルコーチで来ている中村憲剛や内田篤人、阿部勇樹ともよく話していると聞きます。本当に貪欲ですよ。

武智　試合後、キャプテンの吉田麻也が「あまりにもプランどおりに事が運んでびっくりしています」とコメントしました。

山本　そういう準備に対応できる能力の持ち主がメンバーにそろっていたということだし、そのことを監督自身がよくわかっていたわけですよね。

武智　選手の戦術的なリテラシーは相当上がっているわけですね。一方、ドイツは67分にミュラーとギュンドアン、79分にはムシアラをベンチに下げてくれました。彼らがいなくなる度にホッとしましたよ。前半はミュラーを全然捕まえられなかったですから。ドイツで一番面倒臭い連中でしたもんね。

山本　ディフェンスの2番、リュディガーが浅野と並走しながら腿《もも》上げみたいな、余裕を見せるような走りをしていましたけど、ああいうことをやると墓穴を掘るものなんですよね。

コスタリカ戦の先発は2日前に通達

武智　ドイツ戦に勝って2戦目のコスタリカ戦で日本はターンオーバーして先発を5人入れ替えて臨みました。これまでの考え方だとターンオーバーとは、2連勝してグループステージ突破を確定させたチームが3戦目に行うものというのが常識でした。山本さんはこの選択をどう見ましたか。

山本　いろいろな見方があると思います。2戦目にメンバーを入れ替えるのは1戦目を落としたチームがやることはある。今回でいえば、初戦でサウジアラビアによもやの逆転負けを喫したアルゼンチンがそうでした。2戦目のメキシコ戦でメンバーを6人入れ替えました。

武智　そのうちの1人のアレクシス・マクアリスター、彼はブライトンで三笘の同僚ですが、ここから一気になくてはならない選手になりました。フリアン・アルバレスや交代出場で追加点を挙げたエンソ・フェルナンデスもそうです。

山本　サウジ戦のようなショッキングな敗戦の後では、そういうカンフル剤が必要になることもある。

武智　精神的なダメージを受けていない選手を使うということですよね。この点に関して僕は昨今の風潮として、あまりにも「ワンチーム」ということが強調され過ぎることが逆に気になっています。レギュラー組がにっちもさっちも行かないとき、「しめしめ」と思うのは論外だけれど、「俺を使ってくれたらこの窮地を救えますよ」とベンチ組が前向きな野心をたぎらせるのは健全なことだと思うんですよ。それが今はチームの一体感が強調されるあまり、同じように落ち込んで一緒にずぶずぶと沈んでいくことがある。それはそれで寂しいなと思うんですよね。そういう意味で2戦目から盛り返したアルゼンチンは本当にたくましかったと思います。

山本　先発の入れ替えに関して、検討の一つの材料として、カタール大会は中3日の3連戦というかつてない過密な日程でグループステージが行われたことがあります。ここもまた異形のW杯でした。

武智　ノックアウト方式に入ってからの日程も決して緩くはなかったですね。

山本　これまでのW杯の中でもコンディション調整は非常に難しい大会だったと思いますよ。無策だと、どんどん選手に疲労は溜まっていく一方だったでしょう。そう考えると、35歳のリオネル・メッシが全7試合に先発フル出場したのはすごかったと思います。24歳のエムバペは3戦目に63分から途中出場し、うまく休んでいましたけど。

武智　メッシのことを「試合中、歩いてばかりいる」と批判する人がいますけど、あれは全試合ピッチに立ち、相手に脅威を与え続けるための方便みたいなものですよね。なんでそれが分からないんでしょうね。

山本　日本がもし、ドイツ戦と同じメンバーでコスタリカに勝っていれば、そこでグループステージ突破は決まるので、3戦目のスペイン戦の戦い方は変わったと思います。スペイン戦の戦い方が変われば、ラウンド16の戦い方も変わってくる。限りある選手たちのエネルギーをどういうふうに振り分けるか。あらゆる想定をして大会前から森保監督は熟慮を重ねたと思います。これは正直、何が正解か分からない話です。

武智　私はどちらかと言えば、ドイツに勝った後は、メンバーを変えずに2戦目でラウンド16進出を決めてほしかった派でした。ドイツに勝った金星を最大限に活用するのはそれが一番じゃないかと。スペイン戦に進出が懸かると、ドキドキして心臓に悪いというのもありました。それが一番の理由かもしれない（笑）。ただね、ドイツ戦からメンバーを入れ替えたコスタリカ戦が、いわゆる〝捨てゲーム〟だったかというと、それは全然違うと思うんですね。森保監督は、あの試合はあのメンバーで勝てると思ってやっていたはずです。でも、出した選手の中に予想以上に硬くなった者がいたりして、狙ったレベルに届かなかったんだと思います。

山本　1戦目でスペインに0－7で大敗したコスタリカが、極端に守備的に来たのも、なかなか読みにくいところでしたよね。もっと攻撃的にくるのかと思ったら、より守備的にきた。

武智　そこは彼らの流儀ですよね。得失点差の改善なんかより勝ち点3を取ることを最優先する、試合の中身なんてどうでもいい。そちらの方が彼らの常識な気がします。

山本　それがW杯の難しいところ。これは一つの教訓としないといけない。スペインにボロボロにされたコスタリカは、まだ死んでいなかった。生きる道を必死に探して、守備的に戦うことにした。結局、それで最終戦まで突破の可能性を残したわけです。最終戦の途中経過で一時、スペインを蹴落として2位で通過を決めそうになりましたから。

武智　ＦＩＦＡが次の２０２６年北中米大会のグループステージのフォーマットを３カ国単位から4カ国単位に戻すと決めたのは、このグループＥの最終戦の展開があまりにもドラマチックだったからだと言われています。

山本　この2戦目は1戦目とはキックオフ時間も違いました。直射日光を浴びる13時開始で、パフォーマンスは悪くないけど、乗っていけてない感じの試合になった。そういう中で全体の強度も落ちてしまい、テンポも上げられなかった。

武智　森保監督は大会前から「全員で戦う」ということを謳っていて、招集したメンバーを1人でも多く使う構想はずっと温められていたと思うんですね。だから、２戦目にああいうメンバーで戦うことも、奇をてらったわけではなく、むしろノーマルにやったことだと思うんです。ノーマルに、大会前から考えていた当初の方針通りに、ブレずにやったということだったんだと思います。だから、コスタリカに負けたことについて、僕らは落ち込みましたけど、選手はがっかりしても、すぐに前を向けたんじゃないでしょうか。先発で起用してくれた監督の期待に応えられなくて個人的に落ち込んだ選手はいたでしょうが。

山本　何から何まで思ったようにいくことが少ないのがW杯で、選手も普段できることができないのがW杯なんです。それを、みんな、大会中にどこかで体感するんですよね。「なんでできないんだ」と。自分の体じゃないぐらい重く感じることとかあるんですよ。対戦相手が速いから、そう感じる部分もあると思いますけど、まるで重《おも》りか何かを背負ってやっているような感じになってしまう。

武智　視野が極端に狭くなっている選手もいましたよね……。

山本　取材メモによると、ドイツ戦は試合の4日前にメンバー発表をしたと書いてあります。そしてコスタリカ戦は2日前と書いてあるから、当日ではなく選手には前もって伝えていたんでしょうね。そこには、余裕を持って準備してくださいという森保監督からのメッセージもあったと思うし、ドイツ戦の勝ち負けに関係なく、選手を信頼して託していた部分もあったと思います。

5人交代制がもたらした野球っぽい分業制

武智　コスタリカ戦に敗れてグループEは大混戦になりました。首位は勝ち点4のスペインで、2位と3位は勝ち点3の日本、コスタリカ。4位はなんと勝ち点1のドイツ。スペインは最終戦で日本と引き分けてもラウンド16進出が決まり、ドイツが逆転進出を決めるにはコスタリカを破ることが大前提という状況でした。

山本　結果的に日本はドイツ、スペインというW杯優勝経験国を破って首位で2大会連続でラウンド16に進んだ。この時点で、まず一つの大きな結果を出したことは強調しておきたいですね。

武智　スペイン戦は、ドイツ戦の後半から採用した3－4－2－1（5－4－1）のシステムで、最初から臨みました。やっぱりドイツやスペインに勝つとなったら、相当に振り切ったことをやらなければいけない気がするんです。普通に戦えば、普通に負けるみたいなことになる。スペイン戦もドイツ戦と同じく、前半は0－0で折り返せたら御の字という感じで入ったと思うんですが、スペインに物の見事に開始11分で先制されてしまいました。

山本　日本の選手のたくましさを感じたのは、それでも選手に動揺するような素振《そぶ》りが見られなかったことです。ペドリとかガビとか、向こうには中盤の浮いた位置でパスを引き取るのがうまい選手がそろっていたのですが、3バックの板倉や谷口が積極的に前に出てつかまえに行きました。そうやって立て直すうちに徐々に向こうにパスを回される状態から回させている状態へ移行できたように思います。

武智　ドイツ戦と同じく1点差で折り返すと、後半からは矢継ぎ早に攻めのカードを切りました。後半の頭から久保を堂安に、長友を三笘に代え、62分には前田大然を浅野に代えました。そして48分に堂安のゴールで追いつき、51分に田中碧のゴールでひっくり返すと、そこからは一転して鎌田に代えて冨安、田中碧に代えて遠藤を入れて試合を終わらせにかかりました。

山本　新型コロナウイルスのパンデミック（感染爆発）はサッカーのルールにも大きな影響を与えました。メンバー変更を3人から5人に増やしたこともそうです。W杯の選手登録も不測の事態に備えて23人から26人に増えました。5人交代というと、GKを除くとフィールドプレーヤーの半分を入れ替えられるわけです。やり方次第で試合展開を大きく変えられる。そこで日本は非常に面白い選手運用をしたと思います。

武智　感じたのは野球に似ているということでした。メンバーチェンジがすごく明快でしたよね。サッカーという競技は攻守が混然一体となっている競技だけに、交代で入る選手もやるべきことを簡単には割り切れないと思うのですが、ドイツ戦にしてもスペイン戦にしても今回は出場する選手の役割が一人ひとり、先発も交代もかなり明確だったが気がするんです。

山本　後半からジョーカーとして使われた三笘なんかは、はっきりそうでしたね。

武智　先発で使われたときのベテランの長友なんかは野球でいう「クオリティースタート」を果たすことが託されていたというか。試合をつくる、軌道に乗せる感じといいますか。スペイン戦の前半でお役御免となった久保は「なぜ？」という感じで明らかに悔しそうでしたが、僕には、それが完投ペースでいい感じに投げているのに、5回でセットアッパーと代えられた先発投手の不満げな顔に似ているなと思いながら見ていました。

山本　ほうほう。

武智　68分にガビに代わって出てきたアンス・ファティを左サイドで封じ込めた冨安、終盤に出てきた遠藤は完全なクローザーというか火消し役でしたよね。そういうプロ野球っぽい分業制が見事にはまった感じがあって、選手も役割が整理されているから、あまり迷わずにやれたんじゃないかと思いました。そういう分業制で役割を与えると、日本の選手は逆に生き生きするという発想が森保監督の中にあったのではないかと、想像するんですよ。広島カープもあるサンフレッチェの人だけに(笑)。

山本　裏返すと、そういう戦い方を最初からイメージして、スペシャリストを集めていたとも言えますね。終盤まで接戦に持ち込めると、こちらはセットアッパー、クローザーに攻守とも面白い選手がいるから、もつれるほど勝負になると。実際に、選手たちは「1失点は想定の範囲内だ」とおしなべて強調していました。

武智　それで僕は日経の記事でも「ハーフタイムが禊《みそぎ》みたいだ」と書いたんですよ。リードされていても、そこでいったんリセットされるような感じがある。変に引きずらないで「お楽しみはこれからだ」みたいな感じで、気持ちも新たに後半に入っていく。そんなたたずまいをチームから感じて。

山本　そういう流れのつくり方は、Jリーグがコロナ禍で早々に交代5人枠を採用したことと関係があるような気もします。イングランドのプレミアリーグなんかは5人交代制を導入したと思ったら撤廃し、再び導入するなど二転三転しましたからね。森保監督は東京五輪でも5人交代を経験し、自分なりに研究していたのかもしれない。サッカーは選手交代枠の面から見ても、新しい時代に入っています。正規の90分の試合では5人交代だけれど、これが延長に入ると6人まで可能になり、それとは別に1人分の脳振とう枠というのがある。

武智　ヘディングの競り合いなんかで頭をぶつけた選手の体を守るためですよね。交代枠を使い切った後で、ふらふらしているような選手をピッチに立たせるわけにはいかないので。

山本　カタール大会のアルゼンチン対フランスの決勝戦では、フランスがその枠を使って選手を7人、代えました。

武智　そういう新しい時代の選手運用に、カタール大会の日本はうまく先取りというか、対応できた感じがしたんですよ。選手をうまく使い回した。後半のアタマから投入される選手にしても、回またぎじゃなくて、イニングの頭から選手を代える野球っぽいなと思いながら。

山本　それを分業という言い方をしていいのかは分かりませんが、とにかく試合では
エネルギーのある人を活用したほうがいいし、エネルギーの消費をうまく均《なら》しながら
チーム全体のエネルギーがダウンしない形でつないでいくことも重要になっています。
日本はそこをうまくやった。ドイツ戦で浅野のスピードに、ドイツのセンターバック、
シュロッターベックがついていけないということが起きるわけだから。

世界基準はもう我々の中にある

武智　グループE組を1位で突破した日本はラウンド16でクロアチアと対戦しました。
前回の準優勝チームで大黒柱のモドリッチは健在で、コバチッチ、ブロゾビッチと組
むMFの連係は「あうんの呼吸」のレベルに達している感じでした。

山本　日本の試合の入りは悪くなかったと思うし、課題とされたセットプレーから43
分にデザインされたCKで前田が先制点を挙げてくれました。

武智　今大会では初めて日本が先制したわけですね。

山本　そこまでは狙い通りだったと思います。ただ、クロアチアはタフでした。もう1点、取れれば良かったと思うんですけど、それはできなかった。

武智　55分に正確なクロスを入れられ、ペリシッチに同点ゴールを許しました。日本のセンターバックとウイングバックの間をそれまでも狙ってクロスを打ち込んでいたように思います。急造5バックの弱点がそこにあるという感じだったんですかね。最終的に1－1のまま決着がつかず、延長、PK戦まで戦って敗退することになりました。ただ、ゲーム自体はベスト8に行ってもおかしくない内容だったと思いました。

山本　勝てなかったのは事実ですが、負けてもいません。ベスト8に届き得るパフォーマンスは見せたと思います。ただ、このレベルまでくると本当にわずかな差が結果を左右する。そういう準備もこれからは必要だと改めて感じさせられました。試合後、さんざん言われたPK戦の進め方もその一つでしょう。64分に投入された三笘がドリブルで惜しいシーンを作り出したようにチャンスもあった。それを決められるかどうかで、勝つか負けるかも決まってくるんですね。

武智　日本は今回も含めて4回、W杯のラウンド16に進み、すべてその先に行けていません。ＰＫ戦で負けるのは、10年南アフリカ大会のパラグアイ戦以来でした。残りは02年日韓大会のトルコ戦と18年ロシア大会のベルギー戦の敗戦。スコアはいずれも0－1、2－3と1点差です。ベスト8に本当に迫っている感じはします。

山本　今回はグループステージを1位通過しました。そこはまず、南アフリカ大会と違います。それ以前に日本が1位通過できたのは日韓大会だけです。

武智　日韓大会はやはり大きなホームアドバンテージがありましたよね。

山本　しかも今回はドイツ、スペインと同居して世界中のサッカーファンが日本の突破を予想していなかった。そういう組で1位通過を果たしたのは本当に価値のあることです。ＡからＨまで他のグループの1位通過チームを見ると、日本以外は全てベスト8に進出しました。これは、すごく重要な事実だと思います。

武智　それは日本だけが落ちこぼれたという悪い意味ではなく……。

山本　1位通過する力があったからこそ、ラウンド16のクロアチア戦もどっちに転んでもおかしくない戦いになったという意味です。ベスト8に行こうと思ったら、グループステージを1位通過できる力を備えていないと厳しいということです。グループステージの3戦目で力をあらかた使い果たすような戦いをし、ギリギリで2位通過するようでは、やはりベスト8に行くのは難しいということです。

武智　グループステージをただ突破するのではなく、1位で勝ち上がっていくことが、その先の戦いにもつながっていくと。

山本　いかに余力を残せるかどうか。今回は1位通過し、全体の最終成績が9位であったことからも分かるように、ベスト8が見える戦いはできました。あとはタレント力をどう上げていくかだと思います。決勝に進んだメッシとエムバペのデータを見れば、シュートの本数も枠内シュート数もドリブルでペナルティーエリア内に入る回数も、あの2人はダントツの数字を残しています。カタール大会では改めてシュートを打てる選手がいるかどうか、その重要性が示されたように思います。

武智　クロアチア戦については、もったいないと感じました。上に行けたんじゃないか、という悔しさがすごく残りました。今回のチームはベスト8にふさわしいチームだったと思えるので。ＰＫ戦のような、あと一歩のところで負けると、必ず「世界の壁」とか「ベスト8の壁」とか、そんな話になりますけど、本当はクロアチアのダリッチ監督だって相当肝を冷やしていたと思いますよ。勝つべくして勝った、なんてクロアチアの側も思っていないでしょう。ＰＫ戦については4年前のロシア大会の経験もあって自信があったと思いますが、１２０分の戦いは向こうも必死だったと思います。

山本　ダリッチ監督は試合前の会見で「日本とクロアチアはよく似ている」という話をしていました。サッカー大国に臆せず立ち向かう姿に自分たちを重ねて共感を覚え、リスペクトしているようでした。

武智　クロアチアも結束力が強く、献身性は素晴らしいですもんね。10番のモドリッチなんか欧州屈指のテクニシャンなのにユニフォームを泥まみれにして頑張る。そういうところは本当に魅力的です。初出場の98年フランス大会でいきなり3位になり、その後もコンスタントに力を発揮している。日本が学ぶべきことは多いと思います。ただ、あまり「ベスト8の壁」は意識しない方がいいような気がします。

山本　というと？

武智　日本の陸上にも100メートルに10秒の壁というものがありました。1998年のアジア大会で伊東浩二さんが10秒フラットで駆け抜けた。一瞬、競技場の計時には9秒99と表示され、日本人スプリンターが10秒を切るのは時間の問題という雰囲気になったのに、実際にそれが実現するのは2017年に桐生祥秀が9秒98を出すまで待たなければならなかった。そんなに時間がかかったのは身体的な能力の問題よりも、心理的な問題だとスポーツ心理学の先生に聞かされたことがあります。周りが「10秒の壁」と言い募れば募るほど、聞かされる側の選手は無意識のうちにそこにさも限界があるように感じ、ロックがかかったような状態になる。かえって逆効果だと。「だから誰か1人、10秒を切ったら、後に続く者はいくらでも出てきます」とも言われました。実際、桐生の後は9秒台で走るスプリンターが何人も出てきた。ベスト8の壁もそれに似ている気がするんですね。気にしないで、さっさと越えちゃえばと。

山本　スッといくときはスッといく。それはカタール大会のモロッコが良い例だと思いますよ。歴史を塗り替えてアフリカ勢として初のベスト4に勝ち進んだ。モロッコ以外のアフリカ勢もこれで心理的な壁は取っ払われたでしょう。「モロッコがやれるんなら、俺たちだって」と。モロッコはモロッコで「次は優勝だ」とターゲットが格上げされるでしょうし。連続でベスト16に進んだ日本も着実に前進はしていると思います。なので、これまでは「世界に追いつき、追い越せ」ということで、われわれは「世界基準」をクリアすることを目標に長らくやってきましたけど、もう世界基準は我々の中にあると思うんですね。

これから目指すべきは「世界のトップ基準」だと思うんです。そういう発信をしていった方がいいような気がしています。

武智　日本の今の置かれた立場がわかる言葉ですね。

日本のレベルを世界規模で発信できた大会

山本　クロアチアと引き分けた日本の先にあるのは、もう世界トップ基準です。アルゼンチン、フランス、ブラジルとか、そういうチームの基準です。ベスト8の壁というようなネガティブな目標ではなく、世界のトップ基準で物事を考えていくべきです。例えば、アルゼンチンはカタール大会でペナルティーエリア内でほとんどシュートを打たせていない。そういう球際の厳しさをもっと身に付けるべきだし、メッシやエムバペのようにペナルティーエリアの中でシュートを積極的に打っていく選手が育ってこないといけない。そういう選手を、代表チームを預かる森保監督の責任ではなく、Jクラブはもちろん、国全体で育てていこうという機運を盛り上げていきたい。育成年代にリスクを冒さないようなサッカーはもういらないんです。

メッシはカタール大会で一番シュートを打って、一番枠内率も高かった。得点王のエムバペはドリブルによるペナルティーエリア内への進入回数が一番多かった。でも、日本にも進入のアベレージで高い数字を残した三笘がいる。メッシのような選手は出てこないと諦める必要は全くなくて、世界のトップ基準をいくつ持つことができるかを考えていけばいい。

武智　今から20年以上前に、山本さんから「世界基準」の話を聞きました。１９９３年のオーストラリアでやったワールドユースを視察した時の話です。

山本　「スリーエス」という話もしました。３つのスピード、つまりシンキングスピード、ボールスピード、フィジカルのスピードを日本はもっと上げていかないといけない。まだテクノロジーを使った分析などそこまで発達していなかった時代なので、データを具体的に提示できたわけではありませんが、自分の体感として10パーセント、日本は世界に比べて足りないと。それを95年のワールドユースのメンバーだった中田英寿とか松田直樹、奥大介、熊谷浩二、秋葉忠宏、安永聡太郎らに「俺らは10パーセント、全てにおいて足りないんだ！」と言って成長を促したものでした。

武智　田中孝司さんが監督で山本さんはコーチでした。開催地は奇しくもカタールです。カタールって不思議と日本サッカーに絡んできますよね。日本でやった79年のワールドユース以来の出場で、アジア予選を勝ち抜いて初めて出たU－20のひのき舞台でした。日本は準々決勝でブラジルに1－2で負けたんですね。場所はハリファ国際です。今回日本がドイツやスペインに勝ったのと同じ場所です。

山本　「パスをもっと強く！」とヒデ（中田英寿）に言ったり、「もっと判断を速く、2タッチでやるところを1タッチでやるんだ」とかね。当時、他国の試合や練習を見に行って感じたことをただ伝えただけですが、わかりやすく言わないと伝わらないから、そこで「世界基準を持たないといけない」という話になったんです。

武智　でも、今はもう世界最高峰のプレミアリーグに所属する選手がいて、その選手は次に欧州チャンピオンを狙えるようなビッグクラブに移籍するかもしれないと言われているわけでしょう。それを考えると90年代とは隔世の感があり、世界基準から世界トップ基準に目線を持っていくのは、うなずける話だと私も思います。

山本　これからは世界のトップ基準を持つ選手が当たり前のように代表に入ってくる

時代になってほしいし、そうなりつつあると感じています。

武智　そういう意味では監督らスタッフの人選も世界トップ基準で見ていかないとダメなんでしょうね。ただ、国際的な移籍のマーケットにすでに乗っかっている選手と違って、日本発の指導者が欧州のクラブや代表チームを率いようとしたら茨《いばら》の道ですよね。日本代表はW杯でコンスタントにベスト8に入り、世界中からサッカーの国として認められる必要がある。選手は海外のクラブで活躍し、そのクラブの看板選手になる。そういう人が海外にとどまり、指導者の資格を取得してコーチとして頭角を現す。こういう王道をたどろうとしたら、選手として成り上がるより、かなりタイムラグがあってそうは簡単ではないですよね。森保監督にしても、彼が英語やスペイン語が話せて、欧州の指導者ライセンスを持っていたら、W杯が終わった直後に、どこかのクラブから監督のオファーが舞い込んだ気がします。でも、現実にはそうはいかないガラスの天井が、指導者の世界にはまだある気がします。

山本　W杯でも素晴らしい実績を残した監督ですし、どんなオファーがあっても不思議ではないですが、続投も当然だったと思います。今回のW杯でベスト8に残ったチームを見れば、全て自国の監督でした。W杯の長い歴史の中で、優勝している国は全て自国の監督の下で成し遂げています。もちろん、世界中にすごい監督がいるのは理解していますが、世界のスーパースターを集めてマネジメントするのではなく、日本人選手を集めてどうやって勝つかを考えるときに、そのメンバーの力を最大に引き出せる監督が最もいい監督なわけです。それを一番知っているのは、今は森保監督をおいて他にはいないでしょう。

武智 レアル・マドリードを率いるカルロ・アンチェロッティが日本代表監督になったからといって成功するとは限りませんもんね。

山本 日本の未来を考えたとき、私も代表、クラブで何人かの外国人監督に仕えましたけど、今は日本人監督がいいと思います。西野さんや岡田さんや歴史を積み上げてきた人が、今は相談役になっている。森保監督は、そこからいろんなアドバイスをもらえる環境にあるし、この流れの中で、何をどう積み上げられるのかわからない監督を外部から招へいするのは得策ではないと思います。武智さんが言うようにタイムラグはあっても、日本人指導者を地道に育てることが勝利の近道だと思うし、僕らはそのために全力で応援すべきだと思います。国民全体の感情がW杯でぐわっと盛り上がり、一つになるような雰囲気をつくっていきたいですよ。

武智　アフリカ勢で初のベスト4進出を果たしたモロッコが今回、レグラギ監督の下で快進撃を果たしたことと通じる話ですよね。アフリカの代表チームはこれまで欧州の監督の下で戦うのが当たり前だった。植民地時代の名残なのかどうかは知りませんが、言葉が通じる旧宗主国の監督が来たりなんかして。でも、そこからアフリカ勢も脱しつつあるわけですよね。セネガルの監督のアリウ・シセは02年日韓大会でベスト8入りしたときの主将だし、カメルーンのリゴベール・ソング監督、ガーナのオットー・アッド監督も自国の元代表選手でした。チュニジアのジャレル・カドリ監督もチュニジアの人です。欧州のいろんな監督の下でプレーしたり、コーチングを学んできた世代が自国の代表監督になって戦う。歴史の積み重ねによるそういう代替わりが世界的に起きているのだと思うんです。日本もそうなっていくのは、ごく自然なことだと思いますよ。

山本　森保監督の功績はいろいろありますが、ドイツ、スペインと同じ組み合わせになったことで、戦う前から「こりゃダメだ」という空気になりましたよね。

武智　ドイツ、スペインに勝った後でも素直に祝福できない人もいます（笑）。「たまたま運が良くて勝っただけですよね」「力の差はありますよね」みたいな。それは、力の差は当然ありますよ、まだ。

山本　森保監督はそういう雰囲気の中で日本の闘魂みたいなものを示してくれた。苦しい見立ての中でどうやって勝つかを考えて、その勝ち筋を実際にやってのけたわけじゃないですか。

武智　はい。

山本　どうも日本人の良くないところは、先ほど武智さんが言ったような、ネガティブな方向にフォーカスしがちなことで、今回の優勝経験国に対する2つの逆転勝ちは、そんな劣等感というか意識を大きく変えるきっかけになると思いたいですね。「どんな相手と向き合うことになっても不可能はない。そういうレベルまで日本サッカーは来ている」ということを示したのですから。

武智 そういうことを、おそらく世界的規模で発信することがカタールでできたと思うんです。

山本 それは大きいことですよね。

武智 ヨーロッパネーションズリーグが開催されるようになってから、今はなかなか日本代表とヨーロッパ勢の国際Aマッチが組めないようになった。大会が新設される度にヨーロッパ勢の日程はタイトになり、日本まで来て試合をする隙間がない感じになっている。これは本当に残念なこと。そうじゃなかったら、例えば日本が「ヨーロッパ遠征をしたい」と望めば、今ならどこの国でも喜んでやってくれると思うんです。ドイツ、スペインはリベンジマッチをやりたいだろうし、イングランドだって今の日本代表なら興味を持つでしょう。三笘、冨安がいて、古橋亨梧や旗手怜央なんて次のプレミアリーグ候補生もいるから品定めもできる。そういう興味を引き起こす勢力に日本はなりつつある。

山本　実際、アンダー世代の代表ではヨーロッパの強豪と試合ができる環境が整いつつあります。フル代表と違って、向こうに日程に余裕があることも手伝って。これはパリ五輪世代のチーム強化につながる良い話で、世界トップ基準を五輪世代が意識する良い試金石にもなるでしょう。

武智　ヨーロッパのスカウトも日本のAマッチだけじゃなくて、アンダーの世代の代表戦に集まるかもしれませんね。ネクスト三笘やネクスト久保を探しに。

山本　世界中の視線が日本に集まる環境になっていく。芸能界のタレントさんが注目されて磨かれていくみたいに、「あそこに座っているのはマンチェスター・ユナイテッドのスカウトだ」「レアル・マドリードのスカウトだ」となったら、選手も人生を変える覚悟でプレーするはずです。

武智　そういう意味で日本代表はカタールで世界的なプロモーションに成功した感じ

がするんですよ。ドイツとスペインに勝ったインパクトはそれくらいすごかったと思う。それで選手が注目されて栄達すれば、森保監督のところにもいい形でリターンが返ってくるわけですから。個のレベルが上がれば、チームのレベルが上がるというサイクルをさらに速く回すことができるかもしれない。森保監督の中には当然、悔しさがあると思うんです。大会が終わって日本に帰ってきて、ちやほやされて、騒がれて、というのはいつものパターンですけど、悔しさがないわけがない。

続投するということは、その悔しさを晴らせるチャンスをもらえたということになる。これはW杯の日本代表の監督史で初めてのことです。今までは最長でも4年刻みで終わっていたわけだから、その機会はなかったんだけど、今回は日本代表監督としてリベンジのチャンスを初めて与えられた。

山本　東京五輪はベスト4、W杯ではドイツやスペインというW杯優勝経験国に勝ってラウンド16に進出した。しかも2試合とも逆転勝ちです。一つの大会でW杯優勝経験国に2試合、いずれも逆転勝ちできた国は過去に一つもないと思うんですよ。ただ

ドイツ戦で同点ゴールを決めた堂安律を祝福する森保一監督。世界を驚かすことになった

勝っただけのチームはあると思いますが。そういう誰も成し遂げたことがないことをやってのけた自信は森保監督に当然あると思います。

一方で、東京五輪のメダルに手が届かなかった、W杯で新しい景色を見せられなかった、という悔しさや反省は当然あると思います。それらは全部、森保監督の肥やしになっているはずです。監督もまた選手と同様、進化の途中にあるということです。それをわれわれは厳しくも温かく見守っていくということで、いいんじゃないでしょうか。

第2章

ハンス・オフト

~W杯出場前夜、礎を築く~

ハンス・オフト

本名はマリウス・ヨハン・オフト（Marius Johan OOFT）。ハンス（Hans）の愛称で知られる。1947年6月27日生まれ、オランダ出身。現役時代のポジションはFW。28歳で現役を引退すると、76年にオランダU－21代表監督に就任。この時期に日本と接点ができ、82年にヤマハ発動機の臨時コーチとして来日し、その後、84年にマツダのコーチ、87年からは監督を務める。実績を残し、92年に日本代表監督に就任。代表監督を退いた後も、ジュビロ磐田、京都パープルサンガ、浦和レッズを監督として率いた。

在任期間	1992年－1993年
主な大会の成績	ダイナスティカップ優勝（92年）、アジアカップ優勝（92年）
就任背景	日本初のプロリーグ誕生直前、プロ選手が増える中で、日本代表史上、初の外国人監督にして初のプロ監督として就任。
事績	それまで代表レベルでも曖昧だった戦術の基礎を、わかりやすい言葉を用いて選手に植え付けた。アイコンタクトやコーチングの必要性を説き、スリーライン、トライアングル、スモールフィールドといった用語でチームのベースを築いた。ディシプリンを守り、タスクを果たす重要性も説いた。

1993 アメリカW杯最終予選メンバー

Pos.	No.	名前	所属(当時)
GK	1	松永成立	横浜マリノス
	19	前川和也	サンフレッチェ広島
DF	2	大嶽直人	横浜フリューゲルス
	3	勝矢寿延	横浜マリノス
	4	堀池　巧	清水エスパルス
	5	柱谷哲二	ヴェルディ川崎
	6	都並敏史	ヴェルディ川崎
	7	井原正巳	横浜マリノス
	21	三浦泰年	清水エスパルス
	22	大野俊三	鹿島アントラーズ
MF	8	福田正博	浦和レッズ
	10	ラモス瑠偉	ヴェルディ川崎
	14	北澤　豪	ヴェルディ川崎
	15	吉田光範	ジュビロ磐田
	17	森保　一	サンフレッチェ広島
	18	澤登正朗	清水エスパルス
FW	9	武田修宏	ヴェルディ川崎
	11	三浦知良	ヴェルディ川崎
	12	長谷川健太	清水エスパルス
	13	黒崎比差支	鹿島アントラーズ
	16	中山雅史	ジュビロ磐田
	20	高木琢也	サンフレッチェ広島
監督		ハンス・オフト	

RESULT

■ **アメリカW杯アジア地区最終予選**

- 1993年10月15日(@ドーハ)
  日本 0－0 サウジアラビア

- 1993年10月18日(@ドーハ)
  日本 1－2 イラン
  得点:(日)中山雅史
  (イ)レザ・ハッサン・ザデ、アリ・ダエイ

- 1993年10月21日(@ドーハ)
  日本 3－0 北朝鮮
  得点:三浦知良2、中山雅史

- 1993年10月25日(@ドーハ)
  日本 1－0 韓国
  得点:三浦知良

- 1993年10月28日(@ドーハ)
  日本 2－2 イラク
  得点:(日)三浦知良、中山雅史
  (イ)アーメド・ラディ、オムラム・サムラン

2部のヤマハ発動機に臨時コーチとして来日

山本　日本代表はカタール大会で、7大会連続7回目のワールドカップ（以下、W杯）出場になりました。これは世界的に見ても実にすごいことだと私は思っていますが、最初に出場した98年のフランス大会から突然にその歴史が始まったわけではありません。日本サッカーの長い歴史があって、特に94年のアメリカ大会アジア最終予選、いわゆる93年の『ドーハの悲劇』の経験があったことも大きかったと思います。

武智　最終戦のイラク戦を迎えるまでグループの中でトップに立ちながら、後半のアディショナルタイムにイラクに追いつかれて引き分けて3位に転落し、サウジアラビアと韓国に本大会出場をさらわれた日本のサッカー史に残る一大事件。プロサッカーのJリーグがスタートした同じ93年に『ドーハの悲劇』が起きたこと。これは決して偶然ではないと思っています。日本サッカーのプロ化がもたらしたものとして……。

山本　2023年12月のカタールのW杯でチームを率いた森保一監督も、93年に選手としてドーハで悔しさを味わい、出場権を逃したイラク戦の試合後のスタジアムで空を見上げていた一人でした。悲劇を経験した森保が監督としてカタール、ドーハで開かれるW杯に出場したわけです。そこに歴史のうねりというか、因果のようなものをどうしても感じてしまいます。

　この本のテーマは『W杯で勝つための日本代表監督』を、歴史を踏まえて考えていくというものですが、W杯に初出場したフランス大会以降の話ではなく、それ以前の流れを押さえた上で話を進めなければいけないと思います。

武智　同感です。30年前に本大会出場に手が届きかけたチームを率いたのはオランダ人のハンス・オフト監督でした。就任したのは1992年のことで、日本代表では初めての外国人監督であり、初めてのプロ監督です。オフト監督が就任会見で語った「日本をW杯に連れて行くために私は監督になりました」という言葉はあまりにも有名です。日本のW杯出場を公の場でノルマとして語った最初の監督でもありました。

山本　それ以前は、それこそ1965年に発足した日本サッカーリーグ（JSL）の主要メンバーだった三菱重工（浦和レッズの前身）、古河電工（ジェフユナイテッド千葉の前身）、日立（柏レイソルの前身）といった、いわゆる『丸の内御三家』と呼ばれるような企業の意向が監督人事にも強く影響していました。なぜなら、代表監督を有給で雇えない日本サッカー協会としては、日本リーグに属する企業に頭を下げて、監督を〝出向〟に似た形で送り出してもらうのが一番いい方法だったからです。

武智 私がサッカーの取材を始めた84年当時の代表監督は森孝慈さんでした。その後が石井義信さん、横山謙三さんと続きました。そしてオフトさんになるわけです。森さんと横山さんは三菱、石井さんはフジタ工業（湘南ベルマーレの前身）の人でした。皆さん、立派な方でしたけれど、給料はそれぞれの企業が持っていた。協会はそれだけ貧乏だったんですよね……。

山本 そういう意味で企業色のない、協会が直に報酬を払ってプロとして雇ったオフト監督の就任には、時代の変化を感じました。

武智 川淵三郎さんというと「初代Jリーグチェアマン」というポジションが一番有

名だと思うのですが、当時は日本サッカー協会の強化委員長でもあり、代表監督を選任する責任者でもあった。プロリーグをつくる人が「代表監督もプロで」と考えるのは当然で、そうしないとつじつまが合わないと思ったんでしょう。ただ、当時を振り返ると、オフトさんに最初から期待感があったかというと、私自身はそれほどでもなかった。国際的な知名度は皆無に等しく、まだオフト監督がどういう人物なのか、深く知らなかったからです。

山本　日本リーグ2部のヤマハ発動機（ジュビロ磐田の前身）の監督だった杉山隆一さんに招かれる形で、オフトさんは1982年の夏に臨時コーチとして来日しました。私はヤマハの選手だったのですが、その練習内容にとても驚かされたことを覚えています。体はもちろん、とにかく頭が疲れる。練習後に「ビール！」と言っていた選手も、それどころじゃなくなった（笑）。そしてオフトさんの練習を約1カ月経験したヤマハは、1部昇格を果たし、天皇杯にも優勝することになりました。

武智　具体的にどんな変化があったのですか。

山本　昔の練習は、無駄口をきく時間があったんですよ。でもオフトさんの練習はメニューがきっちりしていてどんどん進行していく。時間は長くても1時間半くらいなのですが、集中していないと、すぐについていけなくなってしまう。ピッチの真ん中に立ち入り禁止エリアを設けてサイドへの展開力を増す練習とか、浮き球のみのパスを使った練習とか、トレーニングのすべてについて何のためにこれをやるかが事前に明示される。タイム走ひとつ取っても、ぎりぎりクリアできるかどうかに設定されているんです。そういう驚きの連続でした。フィジカルトレーニングにしてもサッカーの練習にしても、これがサッカーなんだって思わされた。

オフトさんが代表監督になって「アイコンタクト」という言葉は有名になりましたが、それまで日本の指導者で「選手同士で目と目を合わせてプレーのタイミングを整えろ」と言った人はいなかったと思うんです。代表レベルにしてもそうでした。私自身がそれまでは言われたことがなかったですからね。パス練習の際にはそこに敵はいないし、ただ蹴るだけで駆け引きはなかった。よくよく考えれば、それでは「キック」

をするだけで、「パス」ではないですよね。

武智　山本さんがよく言われるキックとパスの違いですね。

山本　すべてのアクションにタイミングとコミュニケーションが大事だとオフトさんに改めて気付かされた。いつボールを蹴るのか、味方がどういう状況なのかを把握しなくてはいけないと説いていた。それが40年前のことです。そのパスも当時はまだ味方の都合に限った話で、今ではその上で守備側をどうやって動かし、逆を突くかというところに進化していますが。

武智　ヤマハの後、1984年にオフトさんはJSL2部のマツダのコーチとなり、翌年に1部昇格、87年には監督として天皇杯に優勝しています。実績はもちろん、そういう練習内容の評判を杉山隆一さんやマツダのゼネラルマネジャー（GM）的存在だった今西和男さんたちから聞いて、川淵三郎さんも代表監督の交渉をしたのだと思います。ただ、まだ首都圏のサッカー関係者には、選手も含めてオフトさんの指導力の評判が届いていなかった。だから代表監督になるとなったときに「誰やねん？」という感じが少なからずありました。そのために最初の頃、オフト監督と選手たちの間で、色々と摩擦があったのではないかと思います。

山本 当時の代表の主力だった読売クラブ（東京ヴェルディの前身）のラモス瑠偉やカズ（三浦知良）には最初、監督を値踏みする感じがあったと思います。でも、オフト監督が就任した92年のダイナスティカップで韓国、中国、北朝鮮に競り勝って初優勝し、秋に広島で開催されたアジアカップにも初優勝して日本は一つひとつ殻を破っていった。そういうドラマチックな変化と実績を積むことで監督と選手の関係も変わっていった。

勝利で韓国コンプレックスを払拭してくれた

武智 オフトさんは監督と選手のファーストコンタクトを犬同士にたとえていた記憶があります。人間と散歩している犬同士でも最初は警戒感を露わにしますよね。互いに吠え合ったり威嚇し合ったりすることもある。でも、相手に敵意がないと分かると、徐々に距離を詰め、最後はじゃれ合ったり、なめ合ったりする関係に変わる。また、オフトさんはプロ監督として雇用主である日本サッカー協会にチームが勝つためのいろいろな要求を突きつけた。日本サッカーがプロ化する流れの中でプロ意識に目覚めた選手たちも待遇改善を求めた。

そんなこんなが合わさって、代表選手を取り巻く環境もここから急激に変わっていったと思います。当時、日本代表のスカウティングを担当していた山本さんも、そんな変化を感じていたのではないですか。

山本　千葉の検見川グラウンドで合宿していたのが、浜松のリゾートホテルを貸し切って合宿できるようになるわけですからね。代表戦の勝利給はアマチュア時代のままでいいのかとか、大会に出て優勝賞金を手にしたらそこからボーナスが出てもおかしくないよねとか、そういう意見もどんどん出てくるようになりました。

武智　代表にふさわしい環境整備が徐々になされたわけですよね。ラモスさんやカズさんら個性の強い選手たちを束ねていける人材が必要だと考えたとき、少なくとも選手と同じプロという土俵に立っている監督でなければ話にならない。そこはまだ日本人では無理だ。そういう考えが川淵さんにはあったのではないかと。

山本　当然、あったでしょうね。

武智　当時、少しずつ世界に近づいている感覚はチーム内でもありましたか。

山本　成長を感じるケースが日増しに増えていった感覚がありました。

武智　日本の場合は、世界に近づくということはアジアを越えていくということだったと思います。端的に言えば、韓国を越えられるかどうかだった。１９８５年のメキシコW杯予選でも、森（孝慈）さんが率いたチームはW杯に近づいた。でも最後にホーム、アウェーとも韓国にやられて、本大会には行けなかった。相手の方が強いと思わされる負け方でしたし、深い挫折を味わいました。結局、最後に韓国を越えない限り、われわれは世界に行けないという思いも強くしました。そこにオフト監督が来て、ダイナスティカップでＰＫ戦とはいえ韓国に勝って優勝した。続くアジアカップでは対戦の機会はなかったですが、優勝してアジアナンバーワンになった。あのとき、ようやく世界が見えてきたという実感がありました。93年のアメリカW杯、あのドーハでの最終予選も、1‐0ですが、内容は韓国に完勝だった。先制した後は負ける気がしなかったですからね。われわれの中にあった韓国コンプレックスみたいなものを払しょくしてくれたという意味で、オフト監督には本当に感謝していますよ。

山本　武智さんは外から見ていて、チームにどんな変化を感じていましたか。

武智　それまで韓国にやられるときは、要するに、あちらのスピードとパワーというエネルギッシュなサッカーに押し切られるのが負けパターンでした。日本にも木村和司さんとか水沼貴史さんとか、うまい選手はいるけれど、そういう良いところが、あちらの寄せの速さ、しつこさに消されてしまうんですよね。でも、オフト監督になってから立場が入れ替わる感じになった。日本が今でいうコレクティブに戦えるようになったことで、韓国の持ち味であるエネルギッシュな部分を逆に消せるようになった。相手の出足をいなしたり、すかしたり、空回りさせることができるようになると相対的に日本の良さであるうまさやクレバーな部分が浮き上がるようになったというか。それは対韓国のみならず、対アジアの戦いで、すごく頼もしく見えました。

山本　オフトさんは、プロの監督として「勝つためにどう戦うか」ということを指導者養成のところでしっかり整理して勉強してきた人でした。だから、ミーティング一つとっても、それまで私が接してきた指導者とは違っていました。例えばボードにピッチを描くときは、真上から見た四角形ではなく、台形で書きました。自陣から見ると先に行けば行くほど細くなる。その方が現実の見え方に近いということで。その上で2トップの動きの説明やスペースができる場所を示していく。そういう細部に対するこだわりが、指示をとてもわかりやすくしていた。

それから普段の生活からプロフェッショナルたれ、ということも強調された。合宿の際は宿舎のロビーのところで、いつもスタッフとカードゲームをしていたのですが、それは選手の外出を見張る狙いもあった。裏を返せば、当時はまだ選手もそのレベルだったということですが。

武智　当時を知るメディアの中にもオフトさんに感謝している人は多いと思います。ある意味で初めてサッカーの見方をロジカルに教えてくれた人でしたから。

山本　私がスカウティングのために相手チームを見に行くとしますよね。するとオフトさんから要求があるわけです。FW、MF、DFの3ラインがありますが、それぞれの距離、全体の距離がどれくらいなのか。相手のファーストディフェンスはどの位置から行くのか。それはセンターサークルの何メートル前なのか後ろなのか。横幅はどうか、と細かい指示がある。

武智　私はオフトさんと出会うまで、恥ずかしながら3ラインのコンパクトネスやバランスの重要性を意識していませんでした。

山本　アイコンタクト、3ライン、トライアングル、スモールフィールド。そういうものがオフトさんによって日本に持ち込まれた。そのトライアングルを小さくしても実践できているのが現在の川崎フロンターレですよね。ボールホルダーに対してパスコースを作るために三角形になるわけですが、そのサイズを小さくしてもパスをつなぐことができる。それが日本人の良さみたいな認識が今はありますが、当時からしっかり積み上がってきたものだと見ることもできると思います。

武智　訳知り顔に「オフト監督が教えていたのはオランダのユースレベルの指導だよ」という人が当時もいました。おそらくそうなのでしょう。ですが、現実問題として私も含め、当時はそれを知らない人が大勢いて、選手も結果が伴っていく中で、指導の効果を実感していたのだから、「それの何がいけないの？」と私は感じていました。こういう話をすると「その頃の日本代表はオランダのユースレベルだったのか」と曲解する人も出てくるのですが（笑）。

山本　日本の選手はユースレベルではなかったですけど、でも頭の中は、まだユースレベルだったんですよ。

武智　山本さんが言うと説得力があります（笑）。

山本　もちろん体は強いし、競り合いなどはユースレベルではないですよ。ヤマハを指導していたときも、「このタイムをクリアするのはオランダのプロでも無理だ」というフィジカルトレーニングの設定をヤマハの選手が全員クリアしてオフトを仰天させたことがありました。そういうポテンシャルは当時からあったのです。

ただサッカーの駆け引きや柔軟性、トライアングルの意味とか、コンパクトに保って3ラインがどうなったら相手にプレッシャーをかけられるのかとか、そういうことに関する理解度はユースレベルだったと率直に思います。日本代表にしても、そんなことを当時は誰も言っていなかったわけですから。逆に言うと、知らなくて当然でした。指導者養成も、まだ現在のように確立していなかった時代ですから。

武智　これはまったくの個人的な見解ですけど、ドイツで勉強してきた指導者の方はそれ以前からも日本にいましたが、オフト監督のような指導はあまりできていなかった。ご存じの通り、ドイツとオランダのサッカー観はまったく違うもので、サッカーに対するアプローチの違いから、よりロジカルにサッカーをとらえたのがオランダだと思っています。それは当時の両国のサッカーを見ても明らかですよね。

オランダにはあのヨハン・クライフがいます。70年代にクラブではアヤックス、スペインのＦＣバルセロナで活躍し、代表では74年西ドイツＷ杯で準優勝しました。優勝は西ドイツに譲りましたが、そのとき、オランダが見せた攻守一体のスタイルは「トータルフットボール」として世界中に衝撃を与え、絶賛されました。後にクライフはバルセロナの監督になって、今のスペインのサッカーにも有形無形の影響を与えています。そういう土壌があるオランダの理論やエッセンスをオフト監督が日本に持ち込んだことの意義というのは、やっぱりあったと思います。オフト以前の時代は、ドイツへの郷愁みたいなものが日本サッカーに存在したと思うのです。

山本　確かにそうですね。

武智　ドイツは素晴らしかったし、世界の舞台で結果も出していた。日本の68年メキシコ五輪銅メダルに貢献してくれたデットマール・クラマーさんもドイツ人でした。70年代から90年代もずっと国際舞台で結果を出し続けているドイツに憧れるのは当然だったと思います。ドイツに素晴らしいスポーツ文化があるのも間違いない。だから勉強のために指導者を志す人たちがドイツに行くのは不思議でも何でもなかった。実際、指導者養成にしてもドイツを模範にしましたから。ただ、だからこそ、あのタイミングで日本を率いたオフト監督がオランダ人だったこと、オランダのサッカー理論を持ち込んだことはすごく新鮮だったと思うんです。

コントロール不能になったロッカールーム

山本　あるとき、静岡県選抜がオランダ遠征に行ったんですよ。そのときに現地で指導を受けようということになって、オランダのユースの担当者だったオフトさんと静岡県協会のつながりができた。これはリュウさん（当時のヤマハ監督・杉山隆一）には申し訳ない言い方になりますけど、昔からのドイツ式の5対2の練習をやって、ハーフコートでゲーム形式のトレーニングをして終わりという感じで、少しヤマハの練習もマンネリしているところがあった。そこに県協会のつながりから、ヤマハにオフトさんが来ることになって、練習が先ほど話した通りまったく変わっていった。そしてリーグは2部とはいえほぼ負けなしで優勝して、いきなり天皇杯にも優勝したのだから、オランダ流のオフトの指導は効果てきめんだったわけですよね。それが後々、代表強化にもつながっていった。

武智　オフトさんのおかげで日本は本当にW杯に行けそうになった。それでも行けなかった。あの93年のアジア最終予選については、どう振り返りますか。山本さんは当時、後に96年アトランタ五輪代表監督となる西野朗さんとともに、スカウティング（偵察）部隊の一員としてチームをサポートしていたと聞いています。

山本　W杯に行くために何が必要かということを思い知らされた5試合だったと思います。最後のイラク戦に勝てば突破が決まるという状況で、もう少し時間をうまく使えればとか、ロスタイムのあのコーナーキックのときに何かできなかったのかとか、色んなことがあると思いますけど、一つはっきり言えるのは、われわれには経験値が足りなかったということです。あんな状況になったことがなかったわけですから。

初戦でサウジアラビアと引き分けて、イランに負けて、そのあと北朝鮮と韓国に勝って、日本は首位で最終戦のイラク戦を迎えました。首位の日本、2位のサウジアラビアが勝ち点5で並び、1ポイント差で韓国、イラク、イランが続いていました。韓国は得失点差でイラク、イランを従えて3位でしたが、自力では上位2チームに追いつけない厳しい状況だった。

武智　確か韓国はドイツで事前合宿をしてドーハ入りしていたと記憶しています。涼しいドイツから暑いドーハに来て、最終予選の序盤の試合を見たときに暑さに苦しんでいる印象を受けました。むしろ個人的に「強いな」と感じたのが、日本が最終戦で対戦したイラクです。他と勝るとも劣らない良いチームなのですが、アメリカW杯出場の切符がかかったこの最終予選では、イラクがクウェートに侵攻した湾岸戦争の影響もあってか、審判から不利な判定を受けていました。退場者は出るわ、すぐファウルを取られるわ。それでも当時の日本のキャプテン、柱谷哲二さんは「イラクは強い」と認めていました。そんなチームと最後に当たるのは嫌でした。結局、その不安が的中してしまうのですが。

山本　選手にもオフト監督にも、勝てば突破という状況で最終戦に臨むなんて経験はなかった。ましてW杯の最終予選でリードしてロスタイムを迎える経験もなかったのですから、ひと言で言えば、経験不足だったんです。ハーフタイムのロッカールームは象徴的だったと言います。1－0で勝っている状況で、後半に向けてオフト監督が指示を出すけれども、誰も聞いていなかったと、その場にいたスタッフから後で聞きました。後半をどう戦うかとか、交代はどうするのか、試合の最後はどうやってプレーするのか。そういう整理をできなかった。要するにハーフタイムのロッカールームをコントロールできていなかったんです。

武智　そのとき、山本さんはどちらに？

山本　実はその試合、私は会場にいませんでした。別会場の韓国と北朝鮮の試合のテレビ解説をしていたからです。あの最終予選はNHKが全試合を放送していたのですが、最終戦の3試合は公平を期して同日同時キックオフになりますから、3人の解説者が必要になりました。私の仕事はスカウティングで最終戦は次の試合がないわけですから、もう仕事は終わっているだろうと判断され、川淵さんから「解説に行ってくれ」と言われたんです。「スカウティングしていたから他国の状況もよくわかっているだろう」と（苦笑）。放送自体は生中継ではなくディレイでされるのですが、放映まで時間がなく、試合会場に足を運びました。あの日は解説しながら、ディレクターが「日本が2－1で勝っている」と伝えてくれたので、「終わったらすぐにお祝いにアル・アリ競技場に駆けつけるから車を用意しといて」なんて言っていました。

目の前の韓国対北朝鮮は前半、北朝鮮が押しまくって、そのまま勝ってしまえば、日本の突破が決まる状況でした。内心で「これは日本、大丈夫だな」と思っていたんです。でも後半、韓国がまるで違う戦いぶりになって、「これはロッカールームで何かあったな」と思いました。監督に激怒されたのか、何なのか。

武智　何かは、あったんでしょうね。

山本　後半、ピッチに出てきた韓国はライオンのように相手に襲い掛かり、3点をあっさり取ってしまった。おそらく日本が勝っているという情報も入っていたのでしょう。その後は試合を流す感じで、そのまま3－0で韓国が勝ちました。でも韓国は勝ちはしたけれど、W杯に行けないと思っているから、うなだれていた。少し経って選手がサポーターへ挨拶に向かっていたときに、ベンチの後ろから誰かが飛び出してきました。もう手と足がちぎれんばかりのダッシュで、大喜びしているんです。選手たちがそれを見て大喜びし始めた。まだ解説中だったのですが、私はその光景を見て「サウジアラビアがイランにやられた」と勘違いしました。ところが、やられたのは日本だった。愕然《がくぜん》としましたよ。

武智 別会場ではそんな状況だったのですね。

山本 韓国は、とにかく勝たなければ何も始まらない状況で、ハーフタイムに何があったかはわかりませんけど、前半からは一変して後半の頭から北朝鮮を殴り続けるような展開に持っていった。「やはり韓国ですね。経験値が違いますね」と解説で話していたのですが、彼らはハーフタイムのロッカールームをコントロールして他会場の結果を待つ状況に持っていった。一方でそれができなかったのが日本。そこには経験値の差があったと思います。

武智　私はその日本戦が行われたアル・アリ競技場にいたのですが、前半の戦いが「自分たちが勝てる」と思えるような内容だったら、ロッカールームの状況もまた違ったかもしれませんね。あの試合はリードしながらもうまくいっていないという感覚だったので余計に焦りが募ったのだと思います。

山本　守備の選手、攻撃の選手で意見が異なっていて統率が取れないまま、後半に入ってしまった。そこは反省点でした。ただ、その経験はアトランタ五輪（96年）のアジア最終予選の準決勝で生かされました。

武智　96年3月、マレーシアのシャーアラーム競技場で行われたサウジアラビア戦ですね。前園真聖さんの2ゴールで、この年代ではアジア最強と言われたサウジを2－1で振り切り、68年メキシコ五輪以来の国際舞台に復帰することができたエポックメーキングな試合です。ここから川口能活や服部年宏、中田英寿、伊東輝悦、城彰二と98年フランスのW杯メンバーに選ばれる選手も出ました。

山本　出場権のかかった試合で前半リードしてロッカールームに戻ってきたら、選手は〝かかった〟状態になっている可能性があると、想定できていた。だから、スタッフ間では、まず静かなロッカールームをつくろうと考え、選手に水を渡し、メディカルは選手の状態をチェックし、選手と戦術的なことを一切話さなかった。そしてロッカールームが静かになったところで、西野さんが伝えるべきことを伝えた。そういうハーフタイムの過ごし方があって、28年ぶりのオリンピック出場を果たすことができました。

武智　そういう話を聞くと、今でも、あのドーハのメンバーでW杯に行ってほしかったと思いますが、ドーハの悲劇も無駄ではなかったと思えます。

日本にとって初めてのナショナル・トラジディ

山本　イラク戦の夜、オフト監督の部屋にキヨさん（清雲栄純コーチ）、ディド（ディド・ハーフナーGKコーチ）や西野朗さんたちコーチ陣が集まり、ずっと話していました。オフト監督は何度も「あと5秒だったんだ」「5秒」「5秒」と繰り返していた。「あれほど重要な試合で、最後のワンプレーで、こんなことが起こってしまうのがサッカーなんだ」と、みんなが改めて胸に刻んだ。私たちに「もっと学べ、もっと勉強しろ、W杯に出るのはそんなに簡単じゃない」と教えてくれたのだと思います。

武智　93年はJリーグが開幕した年で、サッカーと野球がよく比較されました。メディアでも、サッカー好きと野球好きを討論させるような企画がたくさんあった。そこで野球好きの人が「野球にはサヨナラ満塁ホームランがあるけれど、サッカーにはない。だからスリリングな大逆転が少ない」みたいなことを、とうとうと語っていた。そういう意見に対して、当時は「確かに一打逆転みたいなことはないよな」と私も思っていた。それが『ドーハの悲劇』によって日本中に、グループリーグの妙味というか、サッカーはこんな大どんでん返しが起こる競技なんだと知れ渡った。平均視聴率が48・1％だったとすれば、日本人の2人に1人が見ていた計算になりますから。

山本　『悲劇』と言われたわけですから、そのインパクトは絶大でした。

武智　イングランドも同じ時期にヨーロッパ予選でオランダに敗れてアメリカ大会に行けなくなり、英字紙が『ナショナル・トラジディ（国民的悲劇）』と報道していた。ドーハでその記事を読んでいたので、視聴率48・1％だったと聞いて、日本の敗退についても国民的悲劇と記事に書いていいんだと思いました。そしてW杯に出場することを「国民的希望」と書いてもいいんだなとも思いました。それまではそんなことを書いたら「ふざけんな」と言われそうな空気がありましたからね。やはりドーハの悲劇は一大転機だったと思います。のちにジョホールバルの歓喜のときに、「国民の願いが叶った」と書く、その土壌ができました。

山本　こういう話をしっかり伝えていくことが、サッカー文化を醸成していくことになると思います。そういうすべてが積み重なって、今があるわけですから。

第3章

岡田武史（第1期）

～苦しみの先に待っていた歓喜～

岡田武史

おかだ・たけし／1956年8月25日生まれ、大阪府出身。現役時代は早稲田大、古河電工で頭脳派DFとして活躍。82年のアジア大会で日本代表デビューを飾り、韓国戦で代表キャリア唯一となるゴールを決めた。90年に引退し、翌年から古河電工、ジェフ市原のコーチを務める。95年に加茂周監督の下、日本代表コーチに就任。97年10月、W杯最終予選でカザフスタンに敗れて加茂監督が解任され、監督に昇格すると、アジア第3代表決定戦を制し、史上初めて日本をW杯出場に導く。

在任期間	1997年10月－1998年６月
主な大会の成績	アジア第３代表決定戦に勝利（ジョホールバルの歓喜）。フランスＷ杯出場
就任背景	加茂周監督の更迭に伴い、監督経験なしで最終予選途中にコーチから昇格。
事績	不振に喘ぐチームを立て直し、W杯初出場を実現。本大会はタフに戦える選手をベースに予選時の４－２－３－１から３－５－２にシステムを変更し、守備に軸足を置いた戦いで僅差勝負に持ち込む。一方でゴールはわずか１点にとどまった。

1998 フランスW杯メンバー

Pos.	No.	名前	所属(当時)
GK	1	小島伸幸	ベルマーレ平塚
	20	川口能活	横浜マリノス
	21	楢崎正剛	横浜フリューゲルス
DF	2	名良橋晃	鹿島アントラーズ
	3	相馬直樹	鹿島アントラーズ
	4	井原正巳	横浜マリノス
	5	小村徳男	横浜マリノス
	13	服部年宏	ジュビロ磐田
	16	斉藤秀俊	清水エスパルス
	17	秋田　豊	鹿島アントラーズ
	19	中西永輔	ジェフユナイテッド市原
MF	6	山口素弘	横浜フリューゲルス
	7	伊東輝悦	清水エスパルス
	8	中田英寿	ベルマーレ平塚
	10	名波　浩	ジュビロ磐田
	11	小野伸二	浦和レッズ
	15	森島寛晃	セレッソ大阪
	22	平野　孝	名古屋グランパス
FW	9	中山雅史	ジュビロ磐田
	12	呂比須ワグナー	ベルマーレ平塚
	14	岡野雅行	浦和レッズ
	18	城　彰二	横浜マリノス
監督		岡田武史	

RESULT

■ フランスW杯

- 1998年６月14日(@トゥールーズ)
  日本 0－1 アルゼンチン
  得点:(ア)バティストゥータ

- 1998年６月20日(@ナント)
  日本 0－1 クロアチア
  得点:(ク)シュケル

- 1998年６月26日(@リヨン)
  日本 1－2 ジャマイカ
  得点:(日)中山雅史
  (ジ)ウィットモア２

求められた修羅場の経験。ファルカン監督から加茂監督へ

武智 『ドーハの悲劇』の後、日本サッカー協会はオフトさんの後任にブラジル人のパウロ・ロベルト・ファルカンを持ってきました。ワールドカップ（以下、W杯）出場を逃した理由を求めたとき、山本さんが話したハーフタイムのロッカールームの問題が出ました。そこをオフト監督は仕切れなかったと。それでももっと修羅場をくぐり抜けた監督が必要となった。ファルカンは82年スペイン大会でジーコさんらと「黄金の中盤」を形成し、世界を驚かせた名ボランチでした。引退後はブラジル代表の監督も務めました。オフトさんに比べたら段違いのビッグネームでした。

山本 90年にブラジル代表の監督となった際、若手を積極起用してコパ・アメリカで準優勝の成績を残したりしたんですね（91年）。それでもブラジルは若手を登用したからといって大目に見てくれるような国ではない。代表には常に結果を求める国だから、ファルカンの持っている資質とは合わなかったんでしょうね。

武智　日本でも新旧交代に打って出ました。小倉隆史や前園真聖、岩本輝雄ら若い選手を招集、センターバックの井原正巳の相棒に名塚善寛を抜てきする一方で、ベテランの柱谷哲二はボランチで起用したり、新しい試みに着手はしました。でも、94年10月に広島で開催されたアジア大会準々決勝の韓国戦に敗れると、あっさり解任されました。

山本　私はあの時期、田中孝司監督の下で95年のワールドユース（カタール）の出場を目指すチームのコーチをしていました。メンバーには中田英寿、森岡隆三、奥大介、松田直樹、熊谷浩二、山田暢久らがいました。西野朗さんは96年アトランタ五輪を狙うチームの監督でした。なので、A代表には直接タッチしていませんでした。

武智　広島で韓国との負けゲームを取材していましたが、当時はホームで韓国に負けると、ファン、サポーターもメディアもリアクションがただの1敗じゃない感じがありました。93年のW杯アジア最終予選では韓国に完勝していたから尚更です。「オフトの時より弱くなったんじゃないか」みたいな。選手からの苦情めいた話はその前から漏れ伝わっていました。「話していることがよくわからない」というような。前任のオフトのロジカルなコーチングに比べると、抽象的な感じがしたのかもしれません。この問題は後の（フィリップ・）トルシエ監督の後にジーコさんが監督になったときにも起きた、という気がします。

山本　というと？

武智　結局、プレーヤーが欲しいのは楽譜ですよね。オフト監督やトルシエ監督は、とにかく楽譜を渡してくれる。トルシエ監督は「俺が書いた譜面どおりにしっかり演奏しろ！」とまで言う。そうしないと怒るくらいの感じだった。それに比べるとファルカンやジーコはセッションに近い感覚なんじゃないですか。でも、それをやるにはプレーヤーに相当な技量がないと難しい……。とにかく、選手とのコミュニケーション不足を指摘されたファルカンの後継には加茂周さんが指名されました。私自身は加茂さんが日産自動車、全日空、横浜フリューゲルスの監督をされている間、非常に勉強をさせてもらいましたし、日本におけるプロ監督の先駆けのような存在でしたので、当然のことのように受け止めていました。

山本　日本人がプロとして代表を率いる初めての監督になったわけです。日産自動車の黄金時代を築くなど、日本リーグ時代の実績からして、日本人に任せるなら加茂さんしかいないと自他ともに認められる存在でした。

武智　加茂さんの在任中はいろんなことが起きました。95年11月の任期満了を前に強化委員会が加茂さんの続投ではなく、ヴェルディ川崎のネルシーニョ監督を推す結論を一度は出しました。これを協会幹部は受け入れず、当時の長沼健会長が「これでワールドカップに出場できなかったら、責任は私が取る」と啖呵《たんか》を切って、加茂さんの続投が決まりました。しかし、加茂体制で臨んだフランスW杯のアジア最終予選は苦戦続き。特に3戦目のホームの韓国戦で一時、1－0とリードしながら逆転負けを喫したのは痛恨でした。4戦目のアウェーのカザフスタン戦でタイムアップ直前に失点して引き分け、予選途上での解任が決定しました。W杯予選さなかの監督交代は日本のサッカー史で初めてのことでした。

山本　その予選敗退濃厚という状況で、急きょバトンを託されたのが、加茂さんのもとでコーチを務めていた岡田武史さんだったわけです。岡田さんは就任後、2勝2分けの負けなしで勝ち点を積み、特に最終予選9節の韓国とのアウェー戦に勝ち切ったことが大きく、日本はグループBで韓国に次ぐ2位に滑り込み、アジア第3代表決定戦に進出することができました。そこでグループAで2位となったイランをゴールデンゴール方式の延長戦の末に下しました。

武智　世に言うところの『ジョホールバルの歓喜』ですね。

山本　当時の状況で監督を引き受けるには、相当な覚悟が必要だったと思います。私はラジオでその発表を聞きました。

武智　カザフスタンと引き分けたとき、何かを変えなければいけないという状況になった。大仁邦彌委員長ら強化委員会の判断は加茂監督の更迭でした。監督の任を解くなら、誰かが指揮をとらなければいけなかった。カザフスタン、ウズベキスタンとアウェーを連戦中で、岡田さんしかその場に引き受け手がいなかったのは確かでしたが、大仁さんは以前から岡田さんの指導力を認めていたそうです。

山本　そういう中で選手も「やるしかない」と気持ちが切り替わった部分もあったと思います。監督人事は、過去を振り返れば分かるように、最後は会長の決断になる。交代は、当時の長沼健会長の判断だったということです。

武智　岡田監督就任以降の予選では、中山雅史と北澤豪を招集したことが大きかったと思います。岡田さんは危機に瀕したとき、何がチームに欠けていてそれをどう埋めていくかとなったときに、人を変えてチームに新しい風を吹き込ませたり、やり方を変えて新しい化学反応を起こすことができる人だと思います。実際にあの状況で、ゴン（中山）と北澤を呼んでチームを上向かせましたよね。ゴンのボールをしゃにむに追う力、ゴールに迫る力、北澤の間、間に割って入る力に懸けて……。

山本　チームのために汗をかけて、1ミリの努力もいとわない、そういう選手の特徴や魂のようなものを感じ取れるのが岡田さんの凄さだと私は思っています。「こいつはやってくれる」というのを感じ取れるということです。戦術ばかり語っているような指導者もいますが、そういう人物は、その感覚が無い人が多い。

武智　選手とは「ベタベタした関係になりたくない」と言って公私の区別はハッキリさせる人です。選手と密にコミュニケーションを取るタイプだとは決して思わないのですが……。

山本　監督ですから選手と会話はしていて、そこでちょっとしたことからでも「こいつは覚悟が違う」とか「こいつは口では偉そうに言っているけど本番はやれないな」とか、そういうことを見抜けるのが岡田さんでしょう。その感覚は歴代の監督の中でも頭抜けていると思います。そうでなければ、２０１０年の南アフリカ大会の直前に、劇的にチームを変えるようなことはできないですよ。チームの中心だった中村俊輔をベンチに置いて、いきなり別のチームに変えて本大会に臨んで決勝トーナメントに進むわけですから。ただのギャンブルではないんですよ、岡田さんの中では。

全てが初めての体験、手探りで臨んだW杯

武智　話をフランスのW杯に戻します。『ジョホールバルの歓喜』を経て初出場を決めたあと、本大会に臨むにあたって岡田さんは「1勝1分け1敗」を目指すと話しました。アルゼンチン、クロアチア、ジャマイカという対戦相手を考えれば、ジャマイカに勝って、クロアチアと引き分けて、アルゼンチンには負けると考えているのか、と世間には伝わりました。でも、岡田さん本人はそんな計算は一切なかったというんですね。当時の私は「そんなもんだろうなあ」という感じで受け止めて気にも留めなかったのですが、今から思うと、監督が外部に対して語る目標としては正直過ぎた気がします。リアル過ぎたというか。岡田さんからすれば、初出場の日本が「全勝でグループステージ突破を目指します」なんて語る方が絵空事に思えたのでしょうが。

山本　誰が監督だったとしても、初めてのW杯でしたから、そう答えていたと思います。目標の勝ち点は？　何勝を狙いますか？　と聞かれて正直に答えたということ。

でも、今なら「全力を尽くすのみです」と、どんな監督でも答えられる。あるいは「初戦に集中させます」とか、ファジーな表現で返せますよね。

武智　その後に日本がW杯に連続出場したことで、われわれも知るわけです。全勝を目指すくらいでなければ、勝ち点1も取れないということを。かつて、某国会議員が「2位じゃダメですか」と言って話題になりましたが、ハナから2位や3位を目指したらメダルを取ることさえ難しい。金メダルを目指して及ばず、銀や銅を手にすることはあっても。

そういう意味では、ドイツ、スペインとW杯で同組になったカタール大会で、それでも「グループステージ突破を目指します」と森保監督が言える今は、本当にいろんな意味で経験が蓄積され、力もそれなりについたということなんでしょうね。身のほど知らずで言っているわけではなく、根拠があって発言しているわけですから。

山本　フランス大会の直前にカズと北澤を最終合宿地のスイスのニヨンで最終メンバーから落としたこともそうです。僕らも、あのときに学びましたから。あのときは本大会のメンバーから外れる選手の名前を発表しましたが、その後は落選した選手の名前を発表することはしていません。23人を選ぶなら、選んだ23人の名前を発表するようになりました。選外の選手について質問されることはあっても、この23人がベストの23人ですとしか言いようがない。そこは経験から学んだものでしょう。

武智 みんなが〝若かった〟んですね。取材者する側も含めて。最終合宿地で外れる選手が発表されることに違和感を持っていなかった。実際、岡田さんは選手一人ひとりに「最後に合宿地で外れる選手を発表することになるけど、それでも大丈夫か」と確認していたそうです。われわれは、外れるのは若い選手だろうと勝手に思っていた。そうしたら若い市川（大祐）のほかに、カズと北澤というベテランが外れて驚くことになった。

山本 ケガ人が出る恐れもあるから、岡田さんは本番直前のキャンプに選手を多めに連れていったんです。時差があるし、気候も違う中で、どんな不測の事態が起きるかわからないから本大会に登録する22人より多めに連れて行った方がいいと判断した。

開幕の何日前だったら、ケガや病気など不測の事態が起こったときに日本から追加で選手を呼び寄せられるとか、そういうことを学習したのはその後のことです。当時の岡田さんは誰も経験したことがない中で、すべてを背負ってやっていたわけで、相当に大変だったと思います。

武智　今は23人なら23人の最終メンバーを大会前に発表し、現地のキャンプには万が一に備えて交代可能なバックアップメンバーや、練習パートナーとしてアンダーカテゴリーの代表選手を連れていくとか、リスク管理の仕組みができています。

山本　岡田さんの次のトルシエ監督のときに、メンバー発表の仕方については当然、私も意見させてもらいました。ジーコ監督の時には、ケガ人の代わりに急きょ招集した選手が休暇中でハワイに行っていたというケースもありましたが。それもまた反省点になりましたけど。フランス大会のときに、岡田さんに日本サッカーが背負ってもらったものはあまりにも大きく、たくさんあり過ぎた気がするくらいです。それこそ前年の10月に監督に就任した時点で気が変になっていても不思議じゃないくらいで。

まだ本人は41歳で、コーチ陣も誰も経験がなかった中ですから。

武智　監督を引き受けたときは、アウェー2連戦中で断りようがなかったのでしょう。ただ、そこで試合を終えて帰国した際に、辞めようと思えば辞められたんだと思います。でも岡田さんは苦楽を共にしてきた仲間を置いて、自分だけサヨナラするわけにはいかないと考えた。やっぱり責任感の強い人なんだと思います。その頃からよく言っていましたけど、岡田さんの決断の根っこにあったのは「日本代表について一番考えているのは自分だ」という思いでした。われわれは「なんでこの選手を使わないいんだ」とか「なんで3バックをやらないいんだ」とか、好き勝手に言うけれど、1日24時間、寝食を忘れて日本代表のことをずっと考え続けたことがあるのかと問われたら、ないですよ。岡田さんにはその自負がある。

しかも、実際問題として監督には日本代表についてのあらゆる情報が集まってくるわけで、その上で熟考を重ねて、決断を下している。「カズや北澤を外したことについて、さまざまな経験をした今でも同じ決断を下しますか」と岡田さんに聞いたことがあります。岡田さんの答えは「違うかもしれない」でした。でも、あのときはあのときの最善と思った決断をしたので後悔はないと。そこに私心は一切なかった、とも言っていました。監督の責任の重さ、決断の重さは、本当に大きなものだということを、岡田さんを取材する中で何度も痛感しました。

山本　正解のないものに、答えを出すのが監督の仕事なんです。だからこそ、大きな責任が伴うし、気苦労も絶えないんです。

武智　僕は今でもあらゆるカテゴリーの「監督」と名の付く仕事に就いている人をリスペクトしています。理由は単純で、特にスポーツで監督をする人は、結果が丸わかりだからです。誤魔化しがまったくきかない、粉飾することができないからです。みんなが見ている前で勝敗という白黒がついて、順位という結果が出て、「なんであんな選手を使ったんだ」と時に結果論を基にたたかれる。それでも公の場では選手に責任を押しつけないで、黙々とそんな仕事を引き受けているわけですから、監督という仕事に対してのリスペクトは、もっとあってしかるべきだと常に思っています。

山本　中でも代表監督が背負う責任は、他と比べられないくらいに大きい。

日本代表監督が受け継ぐべき秘伝の書

山本　岡田監督の時代で一つ話しておきたいのは、歴史の積み重ねによって、日本がW杯初出場を成し遂げる下地ができていたということです。Jリーグが開幕して、『ドーハの悲劇』があってと、そういう歴史がつながって『ジョホールバルの歓喜』が起きた。国立競技場の試合ならいざ知らず、マレーシアのジョホールバルのラルキン・スタジアムに2万人の日本人のサポーターが来るなんて、あり得ないですよね。現地でスタジアムに入れない人まで出ていたわけですから。そういう熱があのとき、日本にあったんです。

武智　中立地のはずのジョホールバルが日本のホーム同然の舞台と化しましたもんね。

山本　同じ年の6月にワールドユース（現U－20W杯）がマレーシアで開催され、私は若い日本代表を率いて参加しました。南雄太、宮本恒靖、戸田和幸、山口智、明神智和、中村俊輔、柳沢敦、永井雄一郎らが主軸で、スペインに次いで2位でグループステージを突破した。残念ながら準々決勝でガーナに延長で1－2で負けましたが、そのときの会場がジョホールバルだったんです。

武智　なるほど。

山本　ですから、そのとき経験したことも、日本代表の準備面で生きたと思っています。ラルキン・スタジアムのピッチ状況や、シンガポールから遠くないので宿舎に必要なものを運び込めることも、あらかじめわかっていました。宿舎はここがいい、練習場はここだとか、そういう情報を日本は持っていたわけです。スタッフも色々と経験し、その当時の日本の総合力を生かせたのが、あのジョホールバルの戦いでした。

武智　準備面については、まさに山本さんのおっしゃる通り、あの時点での日本の力が発揮されたと思います。フランスでの本大会はどうだったでしょうか。

山本　本大会での経験はまだまだ足りなかった。ピッチ内に目を向けても、初戦のアルゼンチン戦は0－1でしたが、スコア以上の差がありました。日本にもチャンスはあったように思いますが、ペナルティーエリア内の落ち着きやプレーの精度、駆け引きの部分がまるで違いました。アルゼンチンには余裕があるけど、日本には余裕がない。でも、日本がシュートを決められた（ガブリエル・）バティストゥータも、91年にチリで開催されたコパ・アメリカを私が現地で見たときはシュートを外しまくっていたんですよ。それが94年のアメリカW杯で経験を積んで成長し、ワンチャンスをものにする決定力を身につけていた。国際舞台、とくにW杯では、普段できることができなくなると多くの選手が振り返っています。そういうことを、初出場の日本はまだ知らなかったということです。

武智　出場しなければわからない世界が、確実にあるわけですよね。

山本　監督の経験という部分でも、そうだと思います。

武智　森保監督はW杯予選が始まる前に岡田さんを訪ねたそうです。岡田さんいわく「そんなことは初めてだった」と。その話を聞いて、暗黙知という言葉がありますが、その人の中にあるけれど、その人の中で埋蔵されたままというようなものを、もっと日本サッカー界全体で共有するようなことがあっていいのではないかと思いました。大会終了後に技術委員会がまとめるオフィシャルなリポートはありますが、それとは別の形で受け継がれる非公開の『秘伝の書』のようなものが存在するのかと思っていましたが、どうやらそうではなさそうなので。

2度のワールドカップを戦った岡田さんや18年ロシア大会を戦った西野朗さんの中には個人的に蓄積された知見が確実にあるのに、それが組織として継承されているのか不安があります。外国人監督の場合、大会が終わると、あっという間にいなくなるので余計にそう思います。たまたま今回は森保監督が非常に傾聴力のある人なので、個人的に岡田さんをインタビューして参考になる話を聞き出しただけですよね。そういうところは改善の余地が、まだまだあるのかなと思います。

第4章

フィリップ・トルシエ

～確かな準備で迎えた自国開催～

フィリップ・トルシエ

Philippe Troussier。1955年３月21日生まれ、フランス出身。28歳で現役を引退し、指導者に転身。83年にU－15フランス代表監督に就任し、89年からはアフリカへ渡り、クラブチームのほか、コートジボワール代表、ナイジェリア代表、ブルキナファソ代表の指揮も執り、98年のW杯では南アフリカ代表を率いた。98年９月に日本代表監督に就任し、00年アジアカップ優勝や01年コンフェデ杯準優勝などの結果を残す。退任後はカタール代表、マルセイユ、モロッコ代表などを率い、2023年にベトナム代表監督に就任した。

在任期間	1998年9月－2002年7月
主な大会の成績	ワールドユース準優勝（99年）、アジアカップ優勝（00年）、シドニー五輪ベスト8（00年）、コンフェデレーションズ杯準優勝（01）、日韓W杯ラウンド16進出（02年）
就任背景	W杯での監督経験という日本サッカー協会が求めた基準を満たし、アーセン・ベンゲルの紹介で就任。
事績	自国開催のメリットを生かし、アンダーカテゴリーの監督も兼任して一貫した強化をはかる。フラットスリーを採用し、オートマティズムを重視して本大会で初めて決勝トーナメント進出に導く。

2002年 日韓W杯メンバー

Pos.	No.	名前	所属(当時)
GK	1	川口能活	ポーツマス(ENG)
	12	楢崎正剛	名古屋グランパス
	23	曽ヶ端準	鹿島アントラーズ
DF	2	秋田　豊	鹿島アントラーズ
	3	松田直樹	横浜F・マリノス
	4	森岡隆三	清水エスパルス
	16	中田浩二	鹿島アントラーズ
	17	宮本恒靖	ガンバ大阪
MF	5	稲本潤一	アーセナル(ENG)
	6	服部年宏	ジュビロ磐田
	7	中田英寿	パルマ(ITA)
	8	森島寛晃	セレッソ大阪
	14	三都主アレサンドロ	清水エスパルス
	15	福西崇史	ジュビロ磐田
	18	小野伸二	フェイエノールト(NED)
	19	小笠原満男	鹿島アントラーズ
	20	明神智和	柏レイソル
	21	戸田和幸	清水エスパルス
	22	市川大祐	清水エスパルス
FW	9	西澤明訓	セレッソ大阪
	10	中山雅史	ジュビロ磐田
	11	鈴木隆行	鹿島アントラーズ
	13	柳沢　敦	鹿島アントラーズ
監督		フィリップ・トルシエ	

RESULT

■ 日韓W杯

- 2002年6月4日（GS@埼玉）

日本 2－2 ベルギー

得点:（日）鈴木隆行、稲本潤一
（ベ）ビルモッツ、ファンデルヘイデン

- 2002年6月9日（GS@横浜）

日本 1－0 ロシア

得点:（日）稲本潤一

- 2002年6月14日（GS@大阪）

日本 2－0 チュニジア

得点:（日）森島寛晃、中田英寿

- 2002年6月18日（ラウンド16@宮城）

日本 0－1 トルコ

得点:（ト）ウミト・ダバラ

前体制の足りないものを求める監督交代

武智　フランス大会を3戦全敗で終えた後、岡田さんは退任し、後任にはフランス大会で南アフリカ代表を率いて戦ったフランス人のフィリップ・トルシエが就任しました。トルシエさんを山本さんは2002年までの4年間、きっちりサポートするコーチになるわけです。簡単に経緯を教えてもらえますか。

山本　フランス大会の結果を踏まえて、日本サッカー協会の岡野俊一郎会長と技術委員長の大仁邦彌さんらが議論して決まったのだと思います。監督決定の経緯はわかりませんが、コーチ就任のオファーは早い段階でありました。まだフランス・ワールドカップ（以下、W杯）は終わっていなかったんじゃないかな。「お前はコーチに決まっているから」と。1年前まで協会でワールドユースの監督をして、大会が終わった後は磐田に戻っていたわけですけど、やってくれないかと。でも、コーチの話があった段階では監督が誰になるのかは教えてもらえなかったんですよ。監督が誰かによって自分の仕事も変わるわけで、コーチの要請に対して良いも悪いもなかったですけど（苦笑）。

ただ、監督は外国人で、「その監督に日本人のコーチを入れるという条件で交渉しているから」というわけですよ。それがトルさん（トルシエ）でした。初めて会ったときの印象が強烈でした。「お前を雇ってやるのは俺だから」と言われましたから。あの人はまず、主従関係をはっきりさせるというところから入る人ですからね（笑）。

武智　ＪＦＡの最初の意中の人は（アーセン・）ベンゲルさんでしたよね。

山本　ベンゲルさんに断られ、フランスサッカー連盟が推せんした中にトルシエ監督がいたと聞いています。最初はトルさんがどういう人なのか、まったくわかりませんでした。

武智　多くの人が、そうでした。ザックさん（アルベルト・ザッケローニ）のように、ＡＣミランで優勝したことがありますというのとは違って、南アフリカ代表で監督をやっていましたと言われても、Ｗ杯で見た試合の印象くらいしかない。どんな人かは全くわからないというのが正直なところでした。トルシエさんにした理由については「アフリカで豊富な指導経験がある」「W杯での経験もある」と語られましたが、後づけの感が少なからずありました。

山本　当時はまだエージェントとのパイプが細かったですし、そういう交渉事の経験も、その後に生かされるようになりましたよね。

武智　岡田さんの後だったので、岡田さんに足りなかったものを満たすことが条件になった部分はあったと思います。だいたい、前任者に足りなかったものを「この人なら埋められる」という形で後任が紹介されるのが日本の代表監督の交代劇のパターンですから。トルシエさんとの仕事はどうでしたか。オフトさんとはまた違うタイプのように見えますが。

山本　最初にトルさんと仕事を始めたときは、私は面白かったし、刺激もありました。まず感じたのは南アフリカのほかにもコートジボワールやナイジェリアなどいくつか代表監督を経験しているという点です。クラブと代表チームはやはり違う。代表のトレーニングがうまい指導者だと感じました。

武智　どういう点で違いを感じたのですか。

山本　とくに印象深いのがシャドー・トレーニングです。水曜日に代表の試合がある場合、海外でプレーしている中田英寿は日曜日に試合をすると、火曜日に到着します。海外組は今もそうですが、そういう状況では時差ボケ、長旅の疲れを取りながらコンディションを戻していくしかない。でも、他の選手と一緒に正規の練習をさせると余計に疲れてしまう。そういうとき、トルさんはホテルの部屋などに当事者を集めて「こうやってギャップを作るんだ」というように、他の選手とコミュニケーションを取らせながらシャドー・トレーニングをさせるんです。

武智　海外組がまだ数えるほどしかいなかったおかげとはいえ、それだけで試合をやれてしまうのもすごいですね。

山本　トルさんは時間がない中で伝える、練習するということに非常に長けていた。まさに代表向きの監督だと思いました。あるとき、トルさんの奥様に「あの人と3週間も一緒にいてよく大丈夫ね？」と言われたことがありますが（笑）。効率的な指導法を持っている人だったのは間違いない。

武智　ミーティングもすごかったと言われますね。

山本　とにかく熱量はすごかったですよ。（中村）俊輔や戸田（和幸）も「トルシエのミーティングは好きだった」と言っていたことがあります。自分がどんどん熱くなって周りも熱くさせていく。心を揺さぶるような表現がうまくて、「サポーターはこんな気持ちだぞ！」と訴えかけていく。選手をいかに動かすか、どうやったらパフォーマンスを最大限発揮できるか、そういうことに常に気を配っていました。

武智　ほかにも選手の力を引き出す印象的な働きかけはありましたか。

山本　選手やスタッフのストレスになるものを取り除くという点ですね。スタッフとその家族をまじえた慰安旅行を計画したり、2002年のW杯期間中は、静岡の葛城北の丸でキャンプを張りましたが、そこで選手の家族とバーベキューをする日を設けたり、試合の終わった次の日は家族が泊れる場所を用意するように指示したり。選手やスタッフに余計な気を使わせないようにしていました。食事会場や食事一つ取ってもそうです。そういう部分は指導者として非常に勉強になった。われわれスタッフもそのために力を注いだし、監督が仕事しやすい環境を整えようと努めていました。当時は茶髪の選手が多かったのですが、OBの方から「代表選手としてあれはどうなのか」と小言を言われたことがあって、「外国人監督なんだからそりゃそうでしょう」と返したりして（笑）。

スター嫌いのトルシエと選手の関係

武智　オフト監督の時は最初、選手とぶつかりながらチームが次第に一つになっていきました。トルシエ監督と選手の関係はどうだったのですか。

山本　トルさんは、ご存じの通り、スターが嫌いでした。

武智　スターシステムはいらないという人でしたね。

山本　そういうはっきりしたものが、まずありました。例えば、一人の選手がテレビのインタビューを受けて場内のビジョンに映し出されたりすると「ノー、スター！」と言っていましたから。「こいつはスターじゃない！」って。その選手が悪いわけではなく、取り上げるメディア側のリクエストに応えただけなのですが、一貫して「スターはいらない」と言っていた。指示していることをしっかりやっておけば間違いないという思いからなのか、自分がスターなんだという思いなのか。先ほども言いましたが、主従関係をはっきりさせたい性格だったのは間違いないですよね。

武智　トルシエさんに私も言われたことがあります。「私は大きな赤ちゃんなんだ」って（笑）。赤ちゃんかどうかはともかく、駄々っ子みたいな一面がありましたよね。それが妙に可愛いというか憎めないというか。

山本　その一方で、とても繊細というか、常に悩んでいるようなところもあった。それは付き合っていく中でだんだんとわかってきたのですが、選手を怒鳴り散らしておいて、その後で「あいつは怒ってないか？」と何度も私に聞いてくるようなところがある。反応を気にしているんですよ。最初は選手もそんな性格をわかっていないから、面食らっていたと思います。実際、監督のやり方に選手も反発した。選手が主張するのは当然だったと思いますが、それも時間の経過とともに、収まるというか、選手の側がトルシエ監督のやり方に慣れていきました。

武智　山本さんたちスタッフも、そんなトルシエさんに慣れていった？

山本　ええ。だから、トルさんに「あいつは怒っていないか？」と聞かれたときには「あなたがみんなの前で怒って、あいつの誇りを傷つけるようなことをしたから、きっと彼は部屋で腹を切っていると思うよ」と冗談交じりに返したり（笑）。自分の誇りを傷つけられることに対して、日本にはハラキリ文化というものがあって、辱めを受けると先祖に申し訳ないと言って腹を切るんだと（笑）。だんだん、そういうことも言えるようにもなっていきましたね。

武智　99年のナイジェリアのワールドユースで準優勝しましたよね。小野伸二がエースで。就任してすぐのあの大きな成果はかなりトルシエさんのイメージアップにつながったと思うんですが。

山本　あのときも最初は大変だったんです。チームに遅れて合流して、いきなりチームの雰囲気が気に入らないと怒り出して。トルさんが指示した練習をやりつつ、どこで強度を上げていくかがポイントだと私は思っていたのですが、彼の目には和気あいあいと映ったのでしょう。こんな雰囲気じゃダメだと言うわけです。

武智　そこから準優勝するまでに、チームはどうやってまとまっていったのでしょう。

山本　トルさんの能力を選手が認める出来事があったんです。彼は開催地のナイジェリアで代表監督をしていたこともあって、現地の状況に詳しかった。現地入りして最初のホテルはFIFAが指定したところで、ロッジ形式になっていて部屋はクーラーが効いているけれど、部屋の外に出るとものすごい湿度と暑さでした。するとトルさんは「ヤマモト、ちょっと練習を見ていてくれ。俺はFIFAに行ってくる」と言って一人で大会本部に交渉に出かけた。そこでFIFAがチームのために用意していたホテルを「ここじゃダメだ」「練習場はここがいい」と掛け合って変更させたんですよ。

そうしたら、われわれの泊まるホテルのグレードがグループステージのときから劇的に改善し、環境が一変した。選手は「こんなに綺麗な水が出るホテルがあるじゃないか」と大喜び。部屋以外はエアコンのない生活から、施設全体にエアコンが効いていて快適に過ごせるようになった。そういう監督の姿を見て、選手も「トルシエ、すげえじゃん」と大いに見直すようになって。

武智　自らの力を選手に示したわけですね。

山本　そもそも日本はシェフを2人ナイジェリアに連れて行ったので、他のチームが食事が口に合わず体調管理に苦労する中、日本はその点の心配はなかった。選手が極端に体重を落とすことはなかったんです。そういう準備力がトルさんにはありました。

栄養補給についても他にも、こんなこともありました。試合を終えて、次の会場に移動する際に、私に「日本人はこういうとき、何が食べたいんだ?」と聞くわけです。それで「日本食がないなら、中華ですかね」と答えたら、「今日の練習はリカバリーだけだし、練習はサミアコーチにやらしておくから、お前は先に移動して中華料理屋を探しておけ」と言うんです。日本人の口に合うものはお前が一番わかるだろうということで。だから現地のコーディネーターと探しました。

実際、選手は喜んでガツガツ食べていましたよ。ああいう長期の大会になると、食べること、体重を落とさないことが大事で、体重が落ちると良いパフォーマンスを出せないんです。いまなら科学的に「水分が足りていない」といったデータが細かくわかりますけど、当時は体重の変動でチェックしていた。食事には非常に気を使っていました。トルさんはそこが良くわかっていたんですよね。

武智　選手じゃなくても、食べ物は、やる気に直結しますしね。「武士は食わねど高楊枝」みたいなことをほざいている国は絶対に勝てませんよね。

山本　トルさんはピッチ外のことに、とても才能があった監督だったと思います。やるのは選手ですから、彼らの力を発揮させようとしたし、させるのがうまかった。

武智　ピッチ内の準備については、いかがですか。

山本　準備したことの一つとして、フラットスリーがありますよね（フラットに並んだ3人のセンターバックで最終ラインを形成)。それをベースにプレスをかけてボールを奪い、オフサイドも狙う。そういう戦術を持って臨んだ2002年大会の初戦のベルギー戦では、まんまと裏を突かれて失点してしまった。ただ、トルシエ監督とともに過ごしてきた選手たちはタフで、彼らが話し合って修正を施し、続くロシア戦に臨みました。闇雲《やみくも》にハイラインにしないようにし、勝利をつかんだわけです。森岡隆三が負傷して宮本恒靖が3人の真ん中を務めましたが、トルシエ監督の考えを理解しつつ、臨機応変に対応できる選手たちでした。ロシア戦の勝利はW杯で初めての勝利でもありましたし、その後の戦いにつながるとても大きな1勝でした。

武智　日韓大会のみならず、日本のW杯の歴史を振り返っても大きな1勝で、流れに乗るきっかけにもなりました。

柳沢のケガが背景にあったトルコ戦の選択

山本　それから、あのチームの特徴だったのは非常にワンタッチプレーが多かった点です。常に強度の高い中でトレーニングを行っていましたが、その中でワンタッチで打開することを身につけた。そこは大会でも通用していた部分だと思います。トルさんの監督としての経験とヨーロッパの国々の強度を理解していたことがプラスに働いた部分だと思います。

武智　ロシア戦の稲本潤一のゴールもワンタッチが効いていた。

山本　中田浩のパスから柳沢敦が落として、最後は稲本が決めた。柳沢のワンタッチのパスがポイントになりました。負荷をかけた高い強度の中で、ワンタッチ→ワンタッチ→シュートというような練習をやってきた。あのプレーは体に染みついていたものだったと思います。そういう意味でもピッチ内の準備もうまくいっていたと思います。

ただ、結果を振り返ればわかりますが、試合の流れを読んで交代カードを切るという部分で物足りなさがあったのも事実でしょう。そこは長年のつき合いのコーチのサミアが冷静にサポートしていましたが、トルシエ監督自身は、選手の質を高めていくということに優れた指導者で、ゲームの流れを読んで勝利を手繰り寄せるようなタイプの監督ではなかったと言えます。トルシエ監督の特長に、岡田さんのような選手を見極める力が加わったら、また違う結果を出していたかもしれない。

武智　ラウンド16で0－1で敗れたトルコ戦の『選択』について、お聞きしたいですね。あの試合はそれまで先発で起用していなかった選手を最初から使いました。

山本　まず予想外だったのは、トルコが日本のことを想像以上にリスペクトしていたことです。こちらは相手を分析して戦いましたが、トルコも日本対策を念入りに施してきた。今なら相手も対策を立ててくることを踏まえた上でどう戦うかが重要だと分かるのですが、2002年の時点ではそこまでトルコが慎重に出てくるとは考えられなかった。トルコ戦で先発メンバーを大きく変えたのは、一つには柳沢がケガで起用できなかったことがある。今は、W杯のホスト国はグループAに入るのが普通ですが、日韓大会の日本はグループHに入れられ、グループステージ最後の試合からラウンド16の試合まで日程が非常に詰まっていました。柳沢がケガをして回復が間に合わない状況、さらに当日は雨模様。それなら重馬場に強い鈴木隆行という選択もあったかもしれないのですが、トルさんの選択は西澤明訓とアレックス（三都主アレサンドロ）の2トップでした。トルコの右サイドは非常に攻撃面で活発だったので、相手の右サイドが出てきた後のスペースをアレックスが活用して崩そうと考えたわけです。

ところが、ふたを開けてみたら相手が全然、出てこない。結局、交代の交代みたいな手を打つことになり、後半から隆行を入れることになりました。

武智 開始早々にCKから失点して日本は追う立場で試合を進めることになりました。

山本 スペースがないなら、先発させた西澤明訓にキープさせて、そこから次の展開を考えればよかったんですけど、大会前に急性虫垂炎になった西澤の調子は思ったほど復調しておらず、うまくいかなかった。日本の失点は、セットプレーからで、ドーハの悲劇で学んだはずなのに、なぜあの場面で人にマークにしっかりつけなかったのか、今でも悔いが残ります。結局ヘディングを食らうことになって0－1で敗れました。話は少し前後しますけど、前任の岡田監督のすごいところは、セットプレーを磨き続けられることでした。横浜F・マリノスで監督したときもそうでしたけど、セットプレーの準備は入念でしたね。

武智　第2期政権のときは中村俊輔に遠藤保仁というスペシャルなキッカーがいて、田中マルクス闘莉王に中澤佑二という高さのある選手もいましたもんね。

山本　2010年の岡田ジャパンの話をすれば、南アフリカ大会で直接FKから点が入ったのは4点だけで、そのうち2点は日本が決めたものですからね。本田圭佑と遠藤保仁による2点でした。

武智　あのチームはアジア予選の段階から、（田中マルクス）闘莉王と中澤（佑二）のヘディングでも点を取っていましたから。

山本　岡田さんと現技術委員長の反町（康治）さんは、セットプレーへの緻密さがよく似ていて、磨き上げることのできるタイプ。反町さんは北京五輪の代表監督で最終予選を戦ったとき、7点を取っているんですが、そのうち6点はセットプレー（PKを含む）からでしたからね。

武智 そんなに取ってましたか？ そういう部分は、これからの日本代表でもしっかり生かしてほしいですね。

山本 カタール大会に臨む前に、セットプレーコーチが代表チームに加わりましたよね。菅原大介コーチのもと、アンダーカテゴリーのチームで、いろいろ試していた。反町さんはセットプレーの重要性を誰よりわかっている人ですからね。考えてみれば、カタールの前、2018年のロシア大会の初戦、コロンビア戦に日本は2－1で勝ちましたが、得点はいずれもセットプレー（PKも含む）からでした。カタール大会のドイツとの初戦も、セットプレーは重要だと思います（※初戦のドイツ戦で決めた浅野拓磨の決勝点は板倉滉のFKを受けて決めたものだった）。

外国人監督と日本人コーチの関係の妙

武智　お話を聞いていて改めて思うのは、トルシエさんという外国人監督と日本人コーチの共同作業の妙があったなということです。私は外国人監督をハナから否定する気はありません。Jリーグで目ざましい成果を挙げた監督なら国籍を問わず、候補者のリストに入れるべきだと思っています。ただ、外国人監督にオファーする場合は一つ条件があって、それは必ず日本人コーチをつけることなんです。監督以下、アシスタントコーチもフィジカルコーチもGKコーチも全員が外国人で固められ、その〝租界〟の周りを日本人スタッフが遠巻きに見ているというような形でやっていくと最後に失敗すると思っています。トルシエ監督の周りには山本さんやGKコーチの川俣則幸さんら大勢の日本人コーチ、スタッフがいた。病に倒れて仕事は未完に終わった（イビチャ・）オシムさんは大勢の日本人コーチの中に単身乗り込んできた。「自分から学べ、盗め」という感じで。そういう人の方が代表で大きな仕事をする気がしてならないんですね。
日本サッカーに多大な影響を与えた（デットマール・）クラマーさんにしても単身、日本に来られて、スタッフや選手と起居をともにしながらいろいろなことを伝授していったわけでしょう。日本人コーチが必要な理由は他にもありますが。

山本　どういうことでしょう。

武智　山本さんが先ほどからおっしゃっている経験値に関わる話です。初めてW杯に出たフランス大会のときとは違って、7回も連続してW杯に出れば、日本サッカーの中にすでにドイツやブラジル、アルゼンチンといった老舗ほどではないにしても、日本なりの『秘伝のたれ』みたいなものが蓄積されているはずなんです。それを外国から来た監督にしっかり伝える役がいなければいけないと思うんです。
昔、加茂さんに「岡田からW杯について相談されても自分には答えようがない。私はW杯に行ったことがないんやから」と言われたことがあります。でも、今は岡田さんの時代から蓄積されているものがあるはずです。成功例も失敗例も含めて。それを

トルシエ監督と山本昌邦コーチが歓喜の抱擁。日本はロシア戦でW杯初勝利を収めた

見てきたスタッフは協会の中にたくさんいるわけで。それを外国人の監督に対して「こういう場合に日本の選手はこういう心理状態になるよ」と率直に言える日本人のコーチが必要だと思うわけです。

山本　日本という、うなぎに合う秘伝のたれは必要ですよ。

武智　そういうアドバイスを聞くだけのゆとりのある人物ならいいのですが、自分の周囲を顔なじみの側近だけで固めて代表活動をやっていくと、最後にコケる可能性が高いように思うんです。山本さんのお話で言えば、「なんでチームに茶髪や金髪が多いんだ！」と苦情が来ても、そんなことをいちいちトルシエに報告しないわけですよね？　監督にも選手にも常に不満はある。それをうまく取り持つ調整役は絶対に必要でしょう。そういう監督とコーチのコンビネーションでチームが回っていくのなら、外国人監督も大歓迎です。それに「この人はW杯に出たことがある」「この人はW杯の決勝トーナメントに進んだ経験がある」みたいな理由で監督以下、コーチも大勢外国から連れてくるのではキリがないでしょう。そういう考えだと日本がベスト8に進むようになったら、次はベスト4に行ったことがある監督を、その次は決勝、最後は優勝した監督を外から求めることになる。

ではいったい、W杯で優勝した監督がこの世に何人いるんだよ、という話になりませんか？　それだったら、自分たちの力で一つひとつ階段を上がっていくということでいいのではないかと思いますけどね。

山本　一つひとつ上がっていくという意味では、私はU－20や五輪で日本を優勝させる監督が出てくることが望ましいと思っています。女子がいま、まさにそうなのですが、大会形式がW杯とほぼ同じアンダーエイジの国際大会で世界一を経験した監督、つまり池田太がトップのなでしこジャパンを率いています。そういう流れが男子にも出てきてほしい。一足先にＦＩＦＡ主催大会で優勝を経験している女子には学ぶべきことが多くて、W杯でベスト8以上に進むチームは、ほとんどどこも大会中にターンオーバーしている。なでしこが２０１１年に世界一になったとき、佐々木則夫監督もそうしましたよね。そういうところはしっかり男子代表も見習っていくべきです。U

―20も五輪も、優勝するのは簡単ではないですが、そういうサイクルを作りたいですよね。

第5章

ジーコ

〜自由主義と海外組重視と〜

ジーコ

本名はアルトゥール・アントゥネス・コインブラ（Arthur Antunes Coimbra)。1953年3月3日生まれ、ブラジル出身。W杯2大会でブラジル代表の10番を背負った同国の至宝。89年に現役引退も、91年に住友金属（現鹿島アントラーズ）で現役復帰。Jリーグ初年度のサントリーシリーズ優勝に導き、常勝鹿島の礎を築いた。02年に日本代表監督に就任。04年のアジアカップを制し、ドイツW杯予選を世界最速で突破。退任後はフェネルバフチェ、ブニョドコル、CSKAモスクワ、オリンピアコス、イラク代表、アルガラファなどの監督を歴任した。

在任期間	2002年7月－2006年6月
主な大会の成績	アジアカップ優勝（04年）、ドイツW杯出場（06年）
就任背景	信頼関係を築ける指導者として招へい。トルシエ前監督と対照的で選手を大人として扱った。日本をよく知り、よく知られる存在だったことも前任者との違いだった。
事績	選手の力を信頼し、個性を尊重。世界最速でW杯出場を実現した。選手起用については海外組偏重も見られたが、個性が響き合った際には強豪国と互角の勝負を演じ、日本の可能性を示す。ただ、本大会は1分2敗でグループステージで敗退した。

2006ドイツW杯メンバー

Pos.	No.	名前	所属(当時)
GK	1	楢崎正剛	名古屋グランパス
	12	土肥洋一	FC東京
	23	川口能活	ジュビロ磐田
DF	2	茂庭照幸	FC東京
	3	駒野友一	サンフレッチェ広島
	5	宮本恒靖	ガンバ大阪
	6	中田浩二	バーゼル(SUI)
	14	三都主アレサンドロ	浦和レッズ
	19	坪井慶介	浦和レッズ
	21	加地　亮	ガンバ大阪
	22	中澤佑二	横浜F･マリノス
MF	4	遠藤保仁	ガンバ大阪
	7	中田英寿	ボルトン(ENG)
	8	小笠原満男	鹿島アントラーズ
	10	中村俊輔	セルティック(SCO)
	15	福西崇史	ジュビロ磐田
	17	稲本潤一	ウェストブロム(ENG)
	18	小野伸二	浦和レッズ
FW	9	高原直泰	ハンブルク(GER)
	11	巻誠一郎	ジェフユナイテッド千葉
	13	柳沢　敦	鹿島アントラーズ
	16	大黒将志	グルノーブル(FRA)
	20	玉田圭司	名古屋グランパス
監督		ジーコ	

RESULT

■ ドイツW杯

• 2006年6月12日
（GS@カイザースラウテルン）

日本 1－3 オーストラリア

得点:（日）中村俊輔
（オ）ケーヒル2、アロイージ

• 2006年6月18日（GS@ニュルンベルク）

日本 0－0 クロアチア

• 2006年6月22日（GS@ドルトムント）

日本 1－4 ブラジル

得点:（日）玉田圭司
（ブ）ロナウド2、ジュニーニョ、ジウベルト

驚きを伴ったW杯をよく知るカリスマの就任

山本　2002年7月、ジーコさんが日本代表監督に就任し、いわゆるジーコジャパンがスタートしましたが、最初の半年は私もアテネ五輪代表監督と兼任し、日本代表のコーチを務めました。トルさん（トルシエ氏）との仕事を02年の7月に終えて、その後は都内の家も引き払って磐田に帰っていたのですが、技術委員長の大仁邦彌さんから連絡が来て、五輪代表監督兼代表コーチをやってほしいと言われたんです。結局、途中で五輪代表が忙しくなり、五輪監督に専念することになりました。ジーコさんの監督就任については、誰もが知っているカリスマですし、日本との関わりも深い。その認知度もトルシエ監督とは対照的で、選手との関わり方もまた、大きく異なっていました。

武智　どういう部分で対照的だと感じたのですか。

山本　まず、最初から選手をリスペクトしていた点ですね。主従関係を築くようなところはありませんでした。そして選手の側もまた、ジーコ監督をリスペクトしていました。

武智　ジーコさんを知らない選手はいませんからね。

山本　ですからスタート時にバチバチと衝突するようなことはありませんでした。それから時代的にちょうど海外組が増えていく時期で、チームづくりという点でもそれ以前とははっきりと違いが出てきました。チームが集まる機会が限られ、トルシエ時代のように長い時間、監督と選手が一緒にいることが難しくなった。

武智　トルシエさんの4年間はワールドカップ（以下、W杯）のホスト国として予選を免除され、その分、チームづくりに集中できたというのもありますよね。

山本　2002年大会を戦った選手たちは平均25歳と若いチームでしたが、大会後に海外でプレー選手が増えていき、そういう選手たちを中心にチームを作っていくことになりました。結果、ジーコ監督にはそれまでとは異なるアプローチが必要になったと思います。集まってもすぐに試合に臨まなければならない。トルシエ時代は多数派の国内組を集めて一緒に練習する機会がまだありましたし、シャドートレーニングをして戦術を落とし込む工夫もしていましたが、日程がよりタイトになったジーコ時代は、ゲーム形式の練習が中心になった。

その中で選手同士が話して、すり合わせていくという作業が増えました。しかも以前は中田英寿くらいだった海外組の人数が増えたことで、合流時に疲労を溜めている選手が増えました。ただ、まだそういう状況に対応するノウハウが日本サッカー協会になかった。試合も現在のように木曜日や金曜日に開催するのではなく、主に水曜日に行われて、仮に日曜日に海外でクラブの試合があったら、火曜日に帰国して翌日に試合に臨まなければならなかった。そもそものチームづくりに難しさがありましたね。

武智　ジーコ監督の誕生について言うなら、あれほどファンから万雷の拍手を持って受け入れられた代表監督はいなかったでしょう。まず、ジーコさんがどうのこうのと言う前に、スタートする時点で日本がベスト16に進んだ２００２年大会の余韻というか高揚感があったと思います。山本さんのご指摘通り、02年大会を経験したチームは若い選手が多く、次の大会でピークが来ると誰もが思っていました。当然、代表に対する期待も大きかった。そこにジーコさんが来たわけです。ずっと監督待望論があった人で、鹿島アントラーズでの実績があり、W杯に関して言えば、選手として多くのことを経験していた。2002年大会期間中にサッカーマガジンでジーコの連載がありましたが、「なるほどな、なるほどな」と読んでいましたよ。

特に印象的だったのが「勝ったチームをなぜ、いじるのか？」と疑問を呈していたことで。トルシエ監督が、ラウンド16のトルコ戦で前線の選手を入れ替えたときの話ですよね。山本さんから聞けば、柳沢敦が首を寝違えて万全ではなかったとか、色々な事情が背景にあったわけですが、多くの人があのトルコ戦でモヤモヤ感を抱いた。「これは力を出し切って負けたのか？」「出し切っていないじゃないか」という思いです。

山本　スコアも0－1の僅差だったこともありますし。

武智　一方、同じ共催国で、（フース・）ヒディンクに率いられた韓国は3位決定戦まで進んでいた。1998年のW杯でオランダを率いてベスト4まで進んだヒディンクはW杯の勝ち方を知っていたんじゃないかと考えさせられた。日本と韓国の最終成績の差は、監督の差だったのではないかという議論もありました。そういう中でのジーコ待望論だったのですが、ジーコさん自身は実は監督をずっとやらなかった人です。鹿島で実質的に監督のような役割を担っていた時期もありますが、監督はやらず、代わりの人間を立てていた。なので、日本サッカー協会の当時の川淵会長は「ダメもとで聞いてみたら」という感じでオファーを出し、本人から「ＯＫ」の返答が来たときは本当に驚いたそうです。

山本　その返事は多くのサッカー関係者にとって意外だったと思います。

武智　なぜ、ジーコさんがやる気になってくれたのかを想像するに、やはり２００２年日韓大会の日本代表の戦いぶりを見て、歯がゆく感じたからではないでしょうか。岡田武史さんはトルコ戦の前に「こんな組み合わせ、一生に１回あるかないかだ」と、日本に大きなチャンスがあると話していました。H組２位でグループステージを突破して、ラウンド16でC組１位のブラジルと神戸で当たって玉砕するのかな、なんて思っていたら、1位で抜けてトルコと対戦することになった。トルコに勝てば次のベスト8の相手はセネガル対スウェーデンの勝者でしたから、日本にとってはまさに千載一遇の好機でした。

共催相手の韓国はラウンド16でイタリアと対戦することになり、先に進む可能性は日本の方が高いと正直、思いました。だからこそ、逆の結果になったことが余計に悔しかった。そんな思いはジーコさんにもあったと思いますし、悔しさと同時に、次のチームに大きな可能性とやり甲斐を感じたのではないでしょうか。W杯を経験した多くの選手たちが、次のドイツ大会では年齢的にピークになるわけですから。

山本 経験を積んだ20代後半の選手が多いチームで２００６年のドイツ大会に臨めるということですからね。

武智 ジーコといえば、82年にW杯スペイン大会で世界を魅了したブラジル代表の『黄金の４人』の一人でした。ジーコ、ソクラテス、トニーニョ・セレーゾ、ファルカンで組んだMFはサッカーの快楽に満ちたものでした。ジーコ監督は就任初戦のジャマイカ戦（2002年10月16日）で、日本版の黄金の4人を編成しました。中田英寿、中村俊輔、小野伸二、稲本潤一という。この4人を並べられたら、ファンは万雷の拍手で迎えるしょう。「これが見たかったチームだよ」ということです。実際、あの日の国立競技場は「これからどんなことが起こるの？」という高揚感に満ちていた。あんな幸せな国立競技場の雰囲気はなかなか経験したことがなかったですよ。ただ、トルシエさんの時代に比べて環境面で大きな変化があり、難しさもあった。

山本　海外組が増えたのと同時に、トルシエ時代は自国開催で予選がなかったですけど、アジア予選を戦わなくてはならなかった。

武智　ホスト国として計画的に準備できた前任者の時とは条件はかなり違う。トルシエさんはユース代表、ワールドカップ代表、A代表を見ることができましたが、W杯予選があったら、そんなことは絶対に無理だったでしょう。トルシエ時代の練習環境と、ジーコ時代の環境は大きく変わってしまった。自分の手元に置いて選手を見ることがほとんどできず、ジーコの苦闘が始まりました。

山本　黄金の4人で試合したのも結局、数えるほどでしたからね。

武智　そうなんです。実際は5試合しかない。それと私からすると、山本さんがコーチを続けられなかったことも痛かった。そもそものコーチに呼ばれた理由も、よくわかるだけに。川淵さんや大仁さんの考えからすれば、やっぱり代表に継続性がほしかったのだと思います。トルシエからジーコへのバトンタッチに関して、正直、やろうとしているサッカーそのもののつながりは見えにくいですよね。でも、そこに選手をずっと見てきて、チームもアンダー世代から見ている山本さんがいることで架けられる橋があるんじゃないかと思ったんじゃないでしょうか。前述したように外国人監督と選手の間に立って調整役を務めるのは山本さんならできるでしょうし、それを協会も期待したんだと思います。風呂が熱すぎるときは水を足す、ぬるすぎるなら熱湯を足すのがコーチだと以前、山本さんから聞きましたが、トルシエ時代はまさにそれができていた。ですから山本さんが五輪代表監督を務めつつ、コーチになると聞いたときは安心していたのですが……。

山本　最初はできていましたが、忙しくなって離れることになりました。アテネ五輪予選を突破しなければいけないし、その責任がある。２００３年の1月からは五輪代表に専念しました。

武智　28年ぶりに出場したアトランタ五輪は西野朗さんの横でアジアの壁を乗り越えた。準優勝した99年のワールドユースでも山本さんはトルシエ監督のアシスタントコーチでした。それに２００２年のW杯も経験していますから、アテネ五輪代表監督を任せるなら山本さんだろうというのは私も思っていました。日本は２００１年のワールドユースにおいて1勝2敗で最下位となり、グループステージで敗退しました。その世代で臨むわけですから、まずアテネ五輪の出場権を絶対に取らなければならなかった。山本さんが専念しなければいけなかったのもわかりますが、そういう経験のある人がジーコ監督の横にいてくれたら理想的だと思っていました。でも、２００４年のアテネ五輪でグループステージ敗退が決まると、山本さんは責任を取って代表の業務から退くことになり……。頭で思い描くことと実際にはズレが常に生じるものなんですね。

選手を大人扱いしたレッセフェール派の指揮官

山本　アテネ五輪と同じ2004年に中国で開催されたアジアカップで日本は連覇を成し遂げましたが、大会前には、批判の声もありました。

武智　これではとてもアジアカップには勝てないというようなことを言われていましたね。

山本　おそらくジーコ監督自身はメディアからの批判を気にしていなかったと思います。ブラジルのメディアのバッシングに比べたら日本なんかかわいいもんでしょうから。しかし勝負には徹底的にこだわる人なので、アジアカップは勝たなければという強い思いがあったはずです。

武智　ジーコジャパンはずっと苦しんでいた印象があります。アジアカップは苦しみながら優勝しましたが、W杯予選も苦しい戦いが多かった。良い内容と言える試合は数えるほどでしょう。苦戦の連続だった理由の一つは、海外組を偏重しながらその海外組の出来に波があったことだと思います。その時々の調子の良い選手を起用するというより、ジーコ監督は何があっても先発リストに海外組の名前を書き込む感じでしたから。W杯予選なんかだとそれは顕著で。今みたいに先発も控えも海外組だったら、まだ良かったのかもしれませんが、当時は国内組に遠藤保仁や小笠原満男のような確固たる自信を持った結構な実力者がいたんですよね。そうなると、どうしても選手起用についてチーム内に不満もたまりますよね。

山本　かといって、トルシエ監督のように主従関係を明確にして、頭から選手を抑えつけるようなことをする人ではなかったですからね。

武智　規律派のトルシエさんの後に来たジーコさんは明らかにレッセフェール（自由放任主義）というか、規制を緩めて自主制に任せましょうという人でした。トルシエさんの後で次のステージに日本サッカーが進むには、そういう選手を大人扱いする監督の方が、脂が乗りきる選手とうまくいくという狙いもあった。実際、ジーコ監督は選手に細かく「ああだ、こうだ」と指示する人ではなく、その決め事の少なさに選手が戸惑うこともあった。それで「このままで大丈夫なのか？」と心配すると、例えば、2005年のコンフェデレーションズカップのように、グッと試合の内容が上がってチームが輝き出したりする。ブラジルとは激しい点の取り合いの末に2－2で引き分けましたよね。試合によって出来不出来の差はあるんですが、まとまって試合ができる大会形式になると内容が良くなる傾向は確かにありました。

山本　コンフェデレーションズカップのように大会前の準備期間が、例えば、1週間とか10日間とか取れると、選手同士でコミュニケーションが十分に取れますからね。試合もほぼ同じメンバーで戦い続けるから試合を重ねる度に選手間のコンビネーションも仕上がっていく。それで本来の彼らが持っている力が発揮されるんですね。そういう意味で、ジーコ監督の良いところは「俺が良いと認めた選手は本当に良い選手なんだ」という点でブレがないことです。そう認められた選手たちは試合に出るわけですから、練習の日数を重ねる中で「こうしよう、ああしよう」と話し合って、やればやるほど練度が高まっていく。

武智　そうなんですね。そういう傾向が確かにあるから、準備期間がたっぷりあるW杯のような形式の大会では「やってくれるんじゃないか」と期待してしまうわけです。

山本　ただ問題もあるんです。メンバーが固定されると、試合に出ないでベンチを温めることがわかっている選手たちも出てくるわけです。小さな大会ならすぐに解散するからいいですが、W杯になると期間も長いですから。その分、ベンチの選手たちのストレスもかなり溜まってくる。

武智　サッカー大国がW杯の2戦目までにグループステージ突破を決めると、3戦目でターンオーバー（先発の大量入れ替え）をしますよね。あれって主力組を休ませるだけが目的じゃなくて、ベンチにたまるガス抜きの意味があるんですよね。

山本　W杯に限らず、ピッチの外のストレスというのは選手に常にあります。そのマネジメントを誤ると、例えば、ジーコ監督の時代に鹿島での合宿中に選手が無断で宿舎を抜け出すとかありましたよね（2004年2月）。もちろん、問題行動は本人たちの自覚不足が原因ですが、規律を重んじるトルシエさんから自由主義のジーコさんへ極端にチームの方針が振れたので、そういう中での難しさもあったかもしれません。トルシエ監督の時代なんて、食事会場やミーティング会場に違う色のジャージを着て来ただけで怒られていましたから。

武智 朝食のときに新聞を読んでいても怒られたとか。

山本 そうですよ。まあ、自由と規律の話ですけど。

武智 いい意味で国内組の鬱憤《うっぷん》が爆発したのが、2004のアジアカップだったんですよね。レッジーナの中村俊輔、ノアシェラン（デンマーク）の川口能活はいましたが、それ以外は国内組だった。玉田圭司（柏レイソル）や三浦淳宏（東京ヴェルディ1969）、松田直樹（横浜F・マリノス）らがここぞとばかりに頑張った。「ジーコの認識を改めさせるチャンス」と思ったのかどうかは知りませんが、ここで連覇に貢献した福西崇史や玉田圭司はW杯本大会でもメンバー入りしていくんですよね。先ほども話しましたが、こうしてある期間まとまって練習するとチームが良くなるという例が出てくると、「あれ、W杯も当てはまるな」と私は思ったわけですよ。大会前の合宿を含め、W杯は4年間で一番まとまって練習時間がとれるときですよね。

山本 W杯の時だけですね、あんなにしっかり練習できるのは。疲れを取って準備してテストマッチもやれるので。

武智 なので、ジーコジャパンの一番、良いところが出るのではないかと期待したわけです。アジアカップやコンフェデレーションズカップのときよりも活動期間は長いんですから、あのときくらいのサッカーを最低限してくれるんだろうと思うじゃないですか。だから、そこに賭けたいと思っていました。でも、先ほど山本さんが言われたように、大会の期間が長ければ長いほど、いろいろと貯まるものも増えていくんですね。

山本 ピッチの中の話もそうですし、ピッチの外もそうです。ドイツ大会で言えば、まず宿舎選びに失敗があったと思っています。ボンのホテルは、一般客と一緒で、部屋の外に出ることもままならなかったと聞いています。一歩外に出たら「サインください」「写真撮ってくださーい」と言われてしまう。気が休まらないわけです。2002年大会で代表の拠点とした葛城北の丸は、ほぼ貸し切り状態だったので敷地内で自由に自転車に乗れて、自由にトレーニングに行けて、プールが二つあり、温泉があり、プライベートが守られていた。ドイツ大会のときとは大違いです。しかもボンのホテルの食事会場は地下だった。

武智　窓もなかったと聞きました。

山本　窓の外に川が流れていたり、リラックスした雰囲気を味わえたりする場所が必要なんです。選手がコミュニケーションを取れるような環境を用意しなければいけなかった。食事会場に行くのが憂鬱《ゆううつ》になるようではいけないし、そういうところに注意を払えなかったのは問題だったと思います。これはしっかり認識しなければいけないことで、ピッチの中にいる時間は90分、長くても120分ですから大して多くないんです。選手はほとんどの時間をピッチの外で過ごしている。合宿の期間が長ければ、それだけストレスも溜まっていく。だからどうやって休養とリラックスできる環境を与えるかが重要になる。選手が「早く家に帰りたい」なんて思うようではダメでしょう。

フランス大会のとき、岡田監督は家族の泊まるところをちゃんと用意してリラックスして会える機会をつくっていたし、日韓大会は試合の次の日は、バーベキューをしたりして家族と過ごせるようにトルシエ監督は配慮していた。そして、その日が終わったら家族は速やかに帰宅して、選手はまた次の試合に集中できる環境を整えました。そういう経験がドイツ大会のときに生かされなかったのは残念でした。

武智　一般客と同じホテルではそういう機会はなかなか作れないですよね。

山本　食事会場というのは、食べ終わったら、みんなでサッカーの話をする場所なんですよ。コーヒーを手に取って、スイーツを取って、話し合いながらコミュニケーションをとる。時には笑い声も聞こえてくる、それが私の食事会場のイメージです。われわれスタッフは「選手が全然、自分の部屋に戻らないな」と言いながら、見守るような環境でなければいけない。サッカー以外の話も、そういう場所でこそできるわけです。「お前、家族見にくるの？」とか、そういう雑談をできることが息抜きになるし、長い合宿では大切なんです。

自分たちの空間、環境をどう作るかは代表チームにとっては特に重要です。ドイツ大会では、みんなが食事を終えると部屋に戻るしかなかったと聞いています。これではチームの一体感を育みにくかった面はあるでしょう。ジーコ監督自身はピッチの中の作業に集中していたとすれば、誰かがそれをやらなければならなかったと思います。役割分担も含めて、まだまだ日本サッカー界全体にW杯の経験が足りなかったのかもしれません。

セッションを重ねて良くなるジャズのようなサッカー

武智　大会直前に田中誠が負傷して急きょメンバーを入れ替えることになるアクシデ

ントもありました。

山本　ひと言で言ってしまえば準備不足でした。5月末に田中誠が負傷でメンバーを外れることになったとき、茂庭照幸を追加招集しましたが、彼はオフでハワイにいた。オーストラリアとの初戦を6月12日に控えていました。バックアップメンバーについて管理していなかったのは、まだ協会の考え方が甘かったと言わざるを得ません。たとえメンバーを外れたとしても、追加招集の可能性がある選手の動向は把握しておかないといけない。カタールW杯に臨んだ森保監督は、全て把握していたはずです。

武智　山本さんの考え方で、いつも「なるほど」と思わされるのは、ピッチの外に目を向けていることです。多くの日本人はピッチの中のことしか考えていないんですよね。ちょっと大袈裟なことを言えば、戦争で「兵站《へいたん》はどうするの?」「一番肝心な弾薬と食料はどう用意するの?」ということは脇に置いて、盤上の駒だけを動かして勝つか負けるかの議論に熱中する人がどうも多い気がするんです。その点、山本さんは珍しい人で、「武士は食わねど高楊枝なんだよ」という考えがほとんどない。「代表の

誇りを持って戦え」という話は当然あってしかるべきですが、「代表の誇り」という
からにはその誇りにふさわしい環境も用意しなければ、と考える。そういう発想があ
る人だからトルシエ監督とも理解し合えたんじゃないかなと思います。

山本　ジーコさんはピッチ以外のところは、周りを信用して「みんなやってくれ」と
いう人だったと思います。でも、当時のスタッフには準備の面で経験不足なところが
あり、その前から培ったものをうまく引き継げていなかったのかもしれない。トルシ
エ監督にしてもジーコ監督にしてもすべてのことに目が届くわけではなく、そこをフ
ォローする日本人スタッフは必要です。それほど簡単なことではないですけれども。

武智　W杯直前の5月31日にホストのドイツと対戦して、素晴らしい内容で2－2で
引き分けましたよね。コンフェデレーションズカップのブラジル戦以上の内容で「こ
れだよ、これなんだよな」と思いましたよ。でも、その次の6月4日のマルタ戦で内
容に乏しい試合をしてしまった（1－0）。どうなっているんだ、この戦い方の幅は
!?　と。

山本　ドイツ戦は相手もビッグネームばかりで、日本の選手も自然にやる気が出た面があったでしょう。選手は結局、根本のところで自分自身のことを考えているものです。ここでアピールしたいという思いを持つのは自然なこと。これがブラジルなら、選手がもう自分は十分にアピールできたなと思ったら手を抜くし、休むところは休む術を知っている。でも、日本の選手は常に思い切り全力で試合をして、なかなか抜くことができない。それでドイツ戦はいい試合ができた。でもドイツは本番を見据えて決して全力で戦っていたわけではない。そこにはW杯の経験の差があったし、大会に入っていく準備の考え方の差もあったと思うんです。

武智　それでも、先制した大会初戦のオーストラリア戦になんとか勝っていたら、流れは違ったものになっていた気がします。

山本　W杯は、やはり初戦で勝ち点をいかに取るかなんですよ。みんな、グループステージと呼びますが、たった3試合しかないですから。最大勝ち点9のうち、いくつ取るかという話なので、初戦でゼロだったら、ほぼ絶望的です。南アフリカ大会のスペイン、カタール大会のアルゼンチンのように、初戦を落として優勝するビッグカントリーもありますが、それはビッグカントリーだからですよ。そう考えても初戦を落としたのは残念でした。

武智　中村俊輔のゴールで先制したまではよかったのですが。

山本　ジーコさんの監督としての長所を挙げるなら、やっぱり選手の気持ちがよくわかった人だったと思うんです。控え組がストレスを抱える状況もあったと話しましたが、今、このレベルでやっていかないと、世界のレベルには届かないというのが見えていたから、世界で戦うために当時の海外組を重んじたと思います。ブラジル流で考えれば、「セレソン」と呼ばれる代表は育成の場ではないとの考えもあったでしょうし、だから五輪監督を引き受けることもなかったのだと思います。一流選手を見極めてセレソン、つまりセレクトして集めて、チームを作れば選手同士がチームを成熟させていくという感覚がジーコの中にはあったんじゃないですかね。自分がそうやってきたわけですから。

黄金のカルテットでもきっとソクラテスやファルカン、トニーニョ・セレーゾにこれ頼むよ、俺はこれやるからって感じで話してチームを作っていたのでしょう。ジーコが言う「自由」とは、選手がそれぞれの自分の良いところを自発的に出し合って、組み合わさって熟成していくというイメージだったんだと思います。

武智 フランス大会、日韓大会、二つのW杯を経て、それだけのことをやれる選手がそろったという目算もあったんですよね、ジーコさんの中に。

山本 90年のイタリア大会のときにアルゼンチン代表の拠点を見る機会があったんですが、それこそ、ローマ郊外のだだっ広いスポーツ施設を貸し切って、その中ではのびのびと過ごしていました。家族が泊まる施設も別にあって、部外者はいない。ディエゴ・マラドーナは自分の子どもを連れて散歩して、スタッフ同士のゲームを見て応援していましたからね。W杯ってこういうものなんだと、そのときに思いました。ジーコさんも、きっとそういう環境であることは知っているはずなんですけどね。

武智 ブラジルが優勝した1994年のアメリカW杯で、日本のフィジカルコーチの革分けのような人にバッタリ会ったんですよ。その人が師と仰ぐのが、ブラジル代表のフィジカルコーチだったモラシー・サンターナさんという人で。そのときに色々と話を聞いていたら、今回のブラジル代表には90年のイタリア大会の反省があるというわけです。それは何かと言えば、90年大会では宿舎のホテルが出入り自由で、選手の身内とかエージェントとか関係者がのべつまくなし選手に会いにきて収拾がつかなくなったというんです。だからアメリカ大会では、パレイラ監督とザガロコーチが「外部をシャットアウトしろ」と言って、ホテルにかかってきた電話も一切、取り継がなくなったそうです。そういう雑音をシャットアウトしたことで、試合に集中できる環境が整ったと聞かされました。まあ、その頃はW杯に日本は一度も出ていなくて、どこか遠い世界のことのように聞いていましたけれど。

山本　先ほど言ったように、選手は根本のところでは、当たり前ですけど自分のキャリアのことを考えます。そこにエージェントから「今日、マンチェスター・ユナイテッドからオファーがきたよ。ちょっとロビーで話そうか」「ACミランからはいくらで契約の話が来ているけど、どうする?」なんてことになったら、頭の中はそのことで占められて目の前の試合に集中できないですよ。他にも誘惑はいっぱいあるんですよ。そういうことから学んで、ブラジルもアルゼンチンも優勝するためにオン、オフの切り替えにメリハリをつけるようになったんだと思います。

武智　日韓大会を戦った日本の選手の話を聞くと、大会中は葛城北の丸の静寂の中にいて、試合に集中していたから、外の状況があまりわからなかったと。新幹線とバスに乗って会場に向かうときに、どうやらすごい騒ぎになっていることに気づいたと。それくらい試合に没入できる環境が整えられていたということですよね。

山本　大会中のベースキャンプを決めるとき、いろいろと候補はありました。条件としては、まず日本のグループステージの試合が行われる埼玉、横浜、大阪の中間地点であること。移動の負担を考慮して、どこに行くにも距離が遠すぎない方がいいですから。その上でプライバシーが守られて、食事会場は円卓を囲めて広々としていて、リラックスできるように窓の外には川や海、森のような自然が借景として見えるところ。さらにトルシエさんいわく「日本の魂が感じられる場所じゃないとだめだ」と。それを聞かされたときは「もう神社に住むしかないな」と思いましたけど（笑）。

最終的に条件に合致したのが葛城北の丸でした。いろいろと視察した後で最後の最後に葛城北の丸を見せました。本命を最後に見せるのもテクニックの一つで（笑）。トルシエさんも「ここには日本の魂がある」と言って決定です。繰り返しになりますが、トルシエさんの準備の基本的な考えは選手の力を最大限に引き出すこと。だから、スタッフに対しても「われわれが、こうやって仕事ができるのは家族のおかげだから」と言って、スタッフとその家族同伴の石垣島への慰安旅行を実施したりしましたから。

武智　99年のナイジェリアのワールドユースの前、ブルキナファソに遠征したときには、選手を現地の児童養護施設に連れていったりしたんですよね？　そういう社会勉強みたいなことがやれる人なんですよね。

山本　トルシエ監督に関して言えば、98年のフランス大会で南アフリカを率いて痛い目に遭っていたのも大きかったと思います。チームがうまくまとまらなくて、外からのバッシングを浴びる経験もしていました。そういうことから学んでいたと思います。

武智　ジーコさんはそういう部分に気が回らなかったとしても、あれだけ選手を信頼していたのだから、選手もその信頼に応えてほしかったというところはあります。あの人は代表選手は大人として扱わなければいけないという思いがとても強い人だったと思うので。

代表監督在任中、ジーコさんをインタビューしたときに、子どもの頃にピアノを習わされたときの体験談を聞かされました。ジーコさんが言うには「やがてピアノを習うのが嫌になってしまった」と。理由を聞くと「好きに弾かせてくれないから」ということでした。先生が言うとおりにやらないと怒られるのが嫌で嫌でたまらなかったそうです。初心者なんだから仕方ないと思うのですが（笑）、ジーコさんの考えでは、プロのサッカー選手で、しかもセレソン（代表）にまでなれるのは「自分で演奏できる」選手でしょう、というわけです。そんな話を聞きながら、僕は各人が演奏しながら「ここはお前の番な、次は俺だな」、「ここはオカズ（アドリブ）を入れていいな」

と全員でつくり上げていくのがジーコさんの頭の中にあるセレソンなんだろうなと思いました。そんな集団に対して、ああやれこうやれと指図することは、可能な限り控えたいと思っているんだろうなと。

山本　ジャズっぽいですね。

武智　そうなんです。オーケストラではないんですね。だから、セッションを重ねると良くなるのがジーコさんのサッカーなんですね。安定性はないですが、時にとてつもない演奏が聞ける。そのトンデモないプレーがある種の麻薬的な感覚で残って、あれがもう1回聞けるんじゃないかと思ってしまう。流行りの言葉で言えば、だから「再現性」は乏しいんですよ。立ち位置を決めて譜面通りにプレーしていれば、ある意味、再現性は高いんですけど、そこに驚きはたいしてないですよね。いやあ、よく訓練されてますねーと感心はするんですけど、僕の場合、感動はしません。ジーコ監督の日本代表は再現性に乏しいけど、とてつもない高みに行くことがある。私は、それがW杯で出ないかなと期待してしまって、考えが甘かったと反省することになるんですけど。

上位進出には全員で戦うことが重要

山本　W杯のようなビッグイベントになると、控え組の選手たちは試合に出られない鬱憤はたまる一方、先発で出る重圧、ストレスみたいなものはないんです。だから、ゲーム形式の練習の中で、控え組みの方が伸び伸びと自分の技術を見せられるようなことがある。普通の監督なら控え組に対しては、次の対戦相手に似せたプレーを課して、先発組が対策を立てやすいようにするわけですが、ジーコさんはあまりそういう練習はしなかった。紅白戦中心といいますか。選手の能力、個性、力量、持ち味等はよく把握していたと思うんですが、すべてがそろったときにはいいけれど、そうじゃないときに難しさに直面することはあったと思います。

武智　ジーコさんはすべての練習を公開してくれる人でした。そうすると控え組の方がやたらよく見えることがある。それで「なんでこちらを使わないのか?」と不思議に思うわけですが、使ってみると存外大したこともないことがあり……。先発組は先

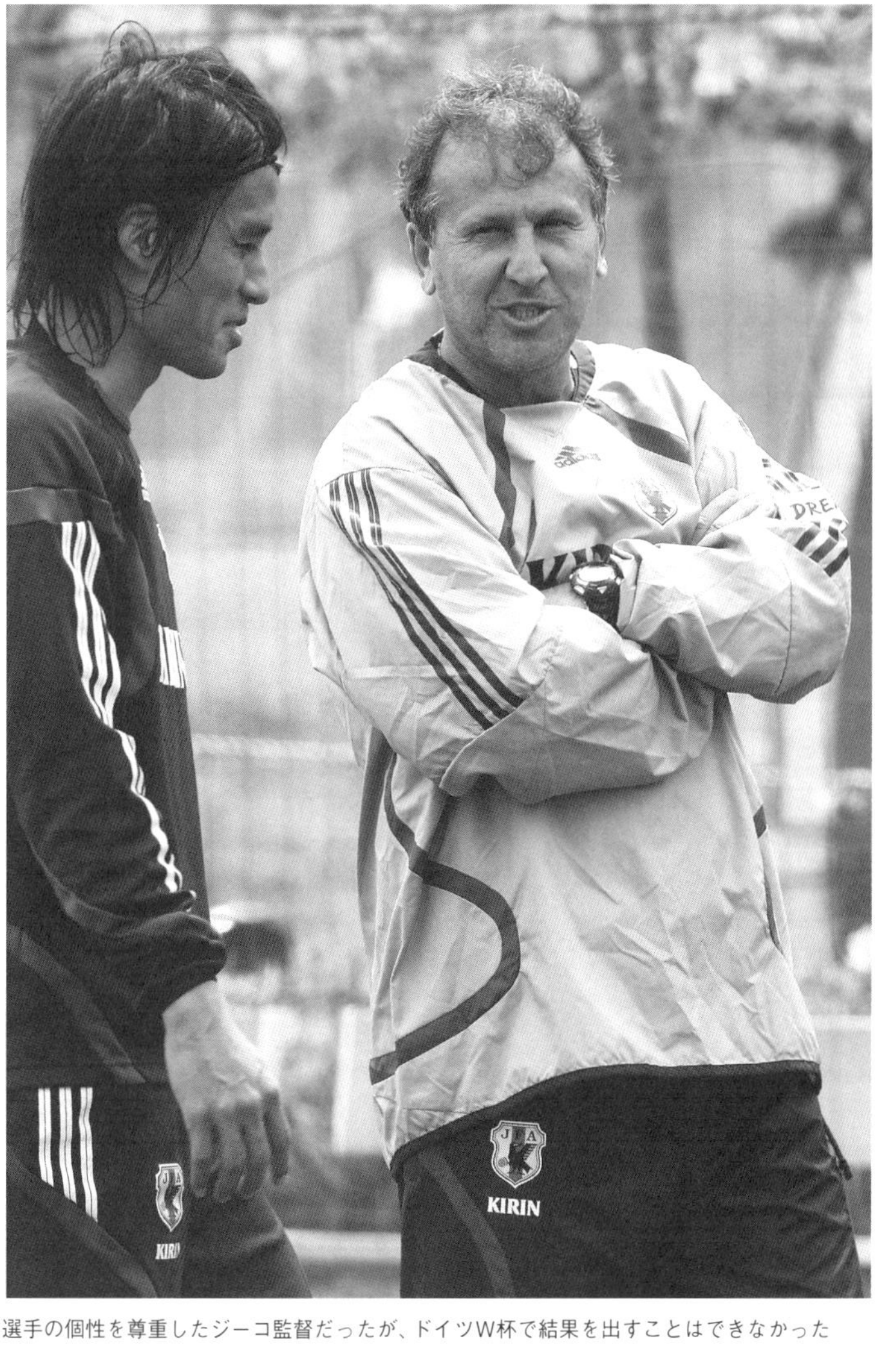

選手の個性を尊重したジーコ監督だったが、ドイツW杯で結果を出すことはできなかった

発組で大変な重荷を背負っているわけですね。

山本　試合を前にすれば、先発と控えはどうしてもあるものです。そこでどうトレーニングするか。思い出深いのはジーコ監督の後を継いだイビチャ・オシムさんです。練習を見ていても、オシムさん以外、誰が先発するのか分からないことがよくありました。こちらが先発するのかなと思っていたら、実はそれは最後の15分を戦うメンバーだったとか。そのことに試合になって初めて気づくような。そういう状態だから選手は練習のときから緊張感がありありで。そこに指導者としての経験というか手腕というものを感じたものです。ジーコ監督も初戦のオーストラリア戦に勝っていれば、全然違う流れができて、ジーコさんが求めるものが表現されて、とてつもない結果を導いたかもしれないですが、実際にはそうはならなかった。

武智　ときどき思うんですよ。山本さんはトルシエさんのことを短期間でチームを仕上げることのできる代表向きの監督だとおっしゃいました。だったら海外組が増えて練習時間が確保できなくなった2002年から2006年までの監督はトルシエさんがやり、選手が国内にたくさんいて練習時間も比較的あった98年から２００２年をジーコさんが監督していた方が、それぞれの適性に合っていたんじゃないかと。単なる妄想にすぎませんが。このドイツ大会は、98年から代表をけん引してきた中田英寿が最後のブラジル戦に敗れてピッチであおむけになった姿も目に焼き付いています。この大会を最後に現役引退しました。

山本　グループステージで3試合を戦って、その先に行こうと思ったら23人全員がピッチに立つというような構成で戦っていかないと無理です。優勝したり、上位にいくチームは、どこもターンオーバーをしている。現代サッカーでは、控えGKを除けば、全員を使う傾向が強い。そうしないと一体感も出せない。もちろん、それには交代も含めて、選手全員を使い切る戦略を持っていないと無理です。ロシア大会のベスト4は、みんなターンオーバーしていました。これからの代表監督には、ますますそういう資質が求められると思っています。

第6章

イビチャ・オシム

~日本に蔓延《はびこ》るステイ主義への警告~

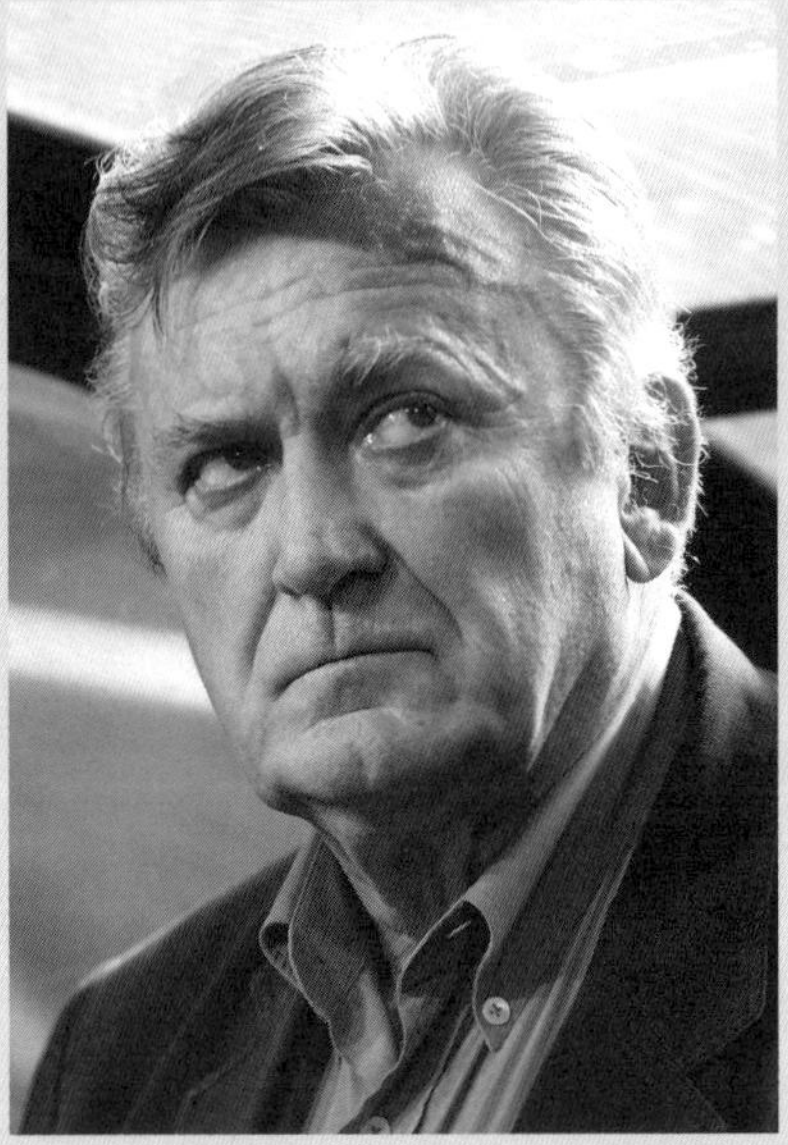

イビチャ・オシム

本名はイヴァン・オシム（Ivan Osim）。1941年5月6日生まれ、出身地はクロアチア、国籍はボスニア・ヘルツェゴビナ。現役時代のポジションはＦＷ。旧ユーゴスラビア代表として64年の東京五輪に出場。68年の欧州選手権では準優勝に貢献した。指導者としては78年から仕事にあたり、86年にユーゴスラビア代表監督に就任。90年W杯ではベスト８に導く。2003年にジェフユナイテッド市原（現千葉）の監督となり、05年にＪリーグカップを制してクラブに初タイトルをもたらす。06年に日本代表監督に就任し、07年に病に倒れるまで指揮を執った。22年５月１日没。享年80歳

在任期間	2006年7月－2007年11月
主な大会の成績	アジアカップ・ベスト4（07年）
就任背景	日本人の特徴を深く知り、選手の力を引き出せる経験豊富な指導者として招へい。
事績	世界の最先端をキャッチアップしつつ、未来を見通して日本の選手に考えて走ることの重要性を説く。世界に追いつき、追い越すために「日本サッカーの日本化」に尽力した。その指導法は多くの日本の指導者に影響を与えた。

2007 アジアカップメンバー

Pos.	No.	名前	所属(当時)
GK	1	川口能活	ジュビロ磐田
	18	楢崎正剛	名古屋グランパス
	23	川島永嗣	川崎フロンターレ
DF	3	駒野友一	サンフレッチェ広島
	5	坪井慶介	浦和レッズ
	21	加地　亮	ガンバ大阪
	22	中澤佑二	横浜F・マリノス
MF	2	今野泰幸	FC東京
	6	阿部勇樹	浦和レッズ
	7	遠藤保仁	ガンバ大阪
	8	羽生直剛	ジェフユナイテッド千葉
	9	山岸　智	ジェフユナイテッド千葉
	10	中村俊輔	セルティック(SCO)
	13	鈴木啓太	浦和レッズ
	14	中村憲剛	川崎フロンターレ
	15	水野晃樹	ジェフユナイテッド千葉
	24	橋本英郎	ガンバ大阪
	28	太田吉彰	ジュビロ磐田
	29	伊野波雅彦	FC東京
FW	11	佐藤寿人	サンフレッチェ広島
	12	巻誠一郎	ジェフユナイテッド千葉
	19	高原直泰	フランクフルト(GER)
	20	矢野貴章	アルビレックス新潟
監督		イビチャ・オシム	

RESULT

■ アジア杯

- 2007年7月9日(GS@ハノイ)
  日本 1－1 カタール
  得点:(日)高原直泰
  (カ)キンタナ
- 2007年7月13日(GS@ハノイ)
  日本 3－1 UAE
  得点:(日)高原直泰2、中村俊輔
  (U)アルカース
- 2007年7月16日(GS@ハノイ)
  日本 4－1 ベトナム
  得点:(日)巻誠一郎2、遠藤保仁、中村俊輔
  (ベ)オウンゴール
- 2007年7月21日(準々決勝/@ハノイ)
  日本 1－1(4PK3) オーストラリア
  得点:(日)高原直泰
  (オ)アロイージ
- 2007年7月25日(準決勝/@ハノイ)
  日本 2－3 サウジアラビア
  得点:(日)中澤佑二、阿部勇樹
  (サ)アルカフタニ、マーズ2
- 2007年7月28日(3位決定戦@パレンバン)
  日本 0－0(5PK6) 韓国

止まったクルマを動かさなければいけない

武智　大いに期待された2006年ドイツ大会の日本代表はクロアチアと引き分けたもののオーストラリア、ブラジルに敗れてグループステージを突破できませんでした。そんな日本代表を「止まったクルマ」と表現し、みんなで一緒になって動かそうと就任会見で述べたのが後任のイビチャ・オシム監督でした。ジェフユナイテッド市原の監督に2003年に就任するや、瞬く間に優勝争いをするチームに変貌させ、05年にはJリーグカップでクラブにタイトルをもたらした名将です。山本さんはこの監督交代をどんな目でご覧になってましたか。

山本　2006年のドイツ大会で日本が敗退した後の帰国会見で、当時の川淵（三郎）キャプテン（会長）がジーコさんの後任について「オシムって言っちゃったね」と口を滑らせましたよね。次の監督はどうするんだろうと思っていたところに、それで私も「オシムさんなんだ」と知った感じでした。

武智　そのころ山本さんは古巣ジュビロ磐田の監督でしたから（2005年から06年6月まで）、対戦相手でもあったわけですね。

山本　そうですね。ジェフの監督をしていたオシムさんとは対戦しています。一番の印象は、とてつもなく選手を鍛えているなということでした。なぜ、選手の体がこんなに大きくなっているんだ、タフになっているんだと、対戦したときに驚きました。聞けば、めちゃくちゃハードなトレーニングをしていると。選手を成長させる監督というのがまず、オシムさんの印象でした。あとは若い選手を、傍《はた》から見ていると急に起用するわけじゃないですか。だから「すごいな」と素直に思っていましたね。

武智　私自身はオシムさんが代表監督に決まったのは、望むところというか、いい選択だと思いました。ジェフでの仕事ぶりを見ても、オシムさん自身の実績を見ても。感慨にとらわれるのは、トルシエさんからジーコさんが、ジーコさんからオシムさんが仕事を引き継いだとき、その理由というか動機はおそらく同じだったことです。オシムさんも、ジーコさんと同様、直前のワールドカップ（以下、W杯）を見て、「もっとやりようがあるはずだ」「自分ならもっと日本代表から違うものを引き出せる」という歯がゆい気持ちがあったのだと思います。

山本　オシムさんは必ず相手の監督をリスペクトしてくれる人でした。磐田の監督として対戦したときに「お前のチーム、大変だな。30歳を超えた選手ばかりで、ビッグネームが多くて」と声をかけてくれたり。

武智　そういえば、ジェフから村井慎二と茶野隆行を獲得しましたよね。

山本　そうです。若くて動ける選手が欲しくてね。

武智　オシムさんに文句を言われませんでしたか（笑）。

山本　まったくないです。オシムさんは「いいんだよ」と言ってくれました。「また若いやつを鍛えればいいんだ」と言ってね。太っ腹というか、そういう人でした。そもそも肝の座った大きな人だということは90年のW杯で証明していますよね。分裂する前のユーゴスラビア代表を率いたオシムさんは大会前から「スターを使え」とメディアに突き上げをくらっていた。初戦でそういう選手たちを中盤で多く起用したら1

－4で西ドイツに惨敗した。そうやって「あなたたちの言う通りにやったらこうですよ」と示しておいてから、その後の2試合に自分が思うとおりの選手を使ってきっちり勝って、決勝トーナメントに進みました。

武智　W杯で、こういう言い方がふさわしいのかどうか分かりませんが、捨てゲームをつくったわけですよね。にわかには信じがたいことですよ。考えていること、見すえていることの次元が違うというか。

山本　他民族国家という複雑な背景がある中で、代表チームを率いて結果を出した。ラウンド16でスペインを破り、ベスト8はＰＫ戦で前回王者のアルゼンチンに敗れましたが、内容はむしろ押していた。

武智　それも退場者を出して1人少ない状況だったのに。

山本　代表監督としての腹のくくり方が違いますよね。オシムさんのレベルまで行くと、周りも「すごい」と一目も二目も置くから、オシムさんが普通のことをやっていても勝手に「何かあるのでは」と思ってしまう。

武智　オシムさんは、そういうアドバンテージも持っている監督でしたよね。

山本　実際にはたまにしか裏をかくようなことはしないわけです。でも、その印象が強くなる。ジェフの試合で、あるとき、オシムさんが前半の浅い時間でミスした若いセンターバックを交代させた。全体がどんよりしているから、そのセンターバックを外して違うセンターバックを入れたんですよ。その若い選手の心が折れてしまうんじゃないかと周囲は思うわけです。でも、チームを勝たせるためにスパンと決断して、その外された選手は次の試合で先発させるんですよ。1試合の采配は采配、一方で長い目で選手を育てる目もある。まさに監督の経験値ですよね。

武智　随所で、そういう奥深さを感じさせる監督でした。それだけに07年11月にご自宅で脳梗塞で倒れ、奇跡的に一命を取り留めたのはよかったのですが、代表の仕事を続けられなくなったのは本当に残念でした。

山本　今から考えると、もっと話を聞いておけばよかったと思いますよ。オシムさんしかわからないことがたくさんあったと思うから。病に倒れられた後ですけど、初台のリハビリテーションセンターにいらっしゃったので、私は家が近かったこともあるし、「来いよ」と言ってもらったから、お茶菓子を持って図々しく行っていたんです。

奥様のアシマさんがいらして、「通訳も来るから」というタイミングでちょくちょく行かせてもらって。そのとき、私はジュビロの監督を辞めて解説の仕事をやっていたものだから、オシムさんが言うわけです。「いいか、お前、日本の選手たちは全然、走れていないから『走れていない』と言い続けろ。テレビの解説で若い選手たちに、もっと走れ、こんな緩いサッカーじゃ世界なんて見えて来ないと言え」と。そのときに引き合いに出されるカードから、リハビリ中なのに、この試合も見ている、あの試合も見ていたのかと思いましたよ。アシマさんが「この人はサッカーのことしか考えていないから。目を離すとすぐに見るから、テレビを消さないといけないのよ」とこぼしていました。

武智 オシムさんは当時、どの選手に「走れ」と？

山本 「遠藤保仁と中村憲剛はいい選手なんだ。だからこそ、もっと走るように解説で言え」と言っていましたね。「彼らは能力、インテリジェンスもある。でも、世界に追いつくにはもっと走らないとダメだ」と。2007年のアジアカップも、私はテレビ解説の仕事でベトナムに行っていたのですが、練習を見学していても楽しかったですから。確実にチームを成長させられる人で、必ずいい方向に持っていく手腕がありました。そのときも「暇なら遊びに来い」と言われて、ホテルのロビーにあるカフェでオシムさんといろいろと話しました。取材で他国の練習を見ていたので、その印象を私の方でも話したり。オシムさんは隠すことなんかないという感じでサッカーの未来のためにと、何でもさらけ出してくれました。アジアカップはベスト4で負けましたが、チームの成長は感じましたね。

走りながら考えることの重要性を発信

武智　オシムさんは就任会見で「日本の止まったクルマをまた動かさなければいけな

い」と言いました。就任のタイミングの状況を比べると、ジーコさんのときは車がまさに動いている感じで、4年後のドイツにピークが来るという感じでした。オシムさんが引き受けるときは、一つのターンが終わった後という印象でした。

山本　W杯3大会にわたって代表を引っ張ってきた中田英寿も引退しましたからね。

武智　1999年のワールドユースで準優勝し、『黄金世代』と呼ばれた小野伸二たちも次のW杯でどこまでやれるのか不透明な感じでした。だからこそ、そんなタイミングで、山本さんが指摘したように若い選手を鍛えられるオシムさんが監督になったことはとてもいいなと思いました。アジアカップのときも、かなりきつい練習を課していたんですよね。大会期間中だから、次の試合に備えてもっと練習量を落とせばいいのにと見ていた記者たちは感じていたと言いますが、オシムさんは見ているゴールが違うところにあったんでしょうね。

山本　自分が10年の南アフリカのW杯で指揮を執るということから逆算して、いまどうするかというところを考えていたんだと思います。当時はコーチで反町さん（康治・

現日本サッカー協会技術委員長）がついていたのですが、コーチ陣も緊張感があって、ピリピリしていました。彼らも今日の練習で何をやるのか直前までわからないんですから。

オシムさんの頭の中にだけ、気象条件や時間帯、対戦相手のことなど、いろいろなことを加味した上で構成された練習メニューがある。それが練習グラウンドに来て、初めてスタッフにも選手にも示される。オシムさんの中には「こういうことをできるようにさせたい」という具体的なイメージがあるので、日本の選手たちがそれをできないと、どうしても練習は長くなるし、厳しくなる。取材しているときに何度も「この練習、何時に終わるんだよ」と思いましたから（苦笑）。夕飯の予約を何度もキャンセルしました。

武智　でも、そこまでやるから、実際の試合に練習でやっていたことが表現されるんでしょうね。

山本　はい。練習をやりきる手腕はさすがでした。それと、やっぱりゴールが見えていた人だと思います。あと、うれしかったのは、アテネ五輪の監督をした私に「お前が選んだ選手は今、みんな活躍しているな」と言ってくれたことです。

武智　確かに。結果的に田中マルクス闘莉王、松井大輔、大久保嘉人、阿部勇樹、駒野友一は南アフリカ大会でも主力になりましたからね。

山本　そのあとで岡田（武史）さんの選手選考の時に、少しは役立ったのかもしれません。

武智　振り返ると、90年以降の代表監督の選ばれ方は反省主義というか、前任者にはなかったものを後任に求める傾向がありありですよね。それが時計の振り子が反動で右から左、左から右に大きく触れるのと似た印象も与えてきた。「規律」のトルシエ時代の功罪を踏まえて「自由」「自立」のジーコさんを選んだ。トルシエ時代はある種の通過儀礼のようなもので、ここから先は大人として扱うという意味で、順番としてそれは正しいことのようにも思えた。

しかし、その「自由」をどうやら選手は持て余したようだと。すると、今度はその反省を踏まえて、指導者経験の豊富さでは百戦錬磨のオシムさんを連れてきた。チームビルディングを基礎工事からやり直すという意味ではうってつけのコーチという感じで。

山本　指導者経験が長いからなんだと思いますが、オシムさんはどういう選手が伸びていくのかを見極める目のある人でした。サッカーという競技は一人の選手がボール持つ時間は数分間で、残りは圧倒的に手ぶらの時間が長いわけです。

武智　サッカーだから、足ぶら、というべきでしょうけど。

山本　数分間しかないからボールを持ったその間に何をするかは非常に重要になるわけですが、オシムさんはそれと同じくらい、ボールを持たずにいるときに何をするかを非常に厳しく選手に説いていました。スピードがあるとか、フィジカルに優れているとか、そういうことだけではなく、チームへの貢献度みたいなこと、要するに黒子的な部分についてもすごく評価していた。

武智　いわゆる「水を運ぶ人」ですよね。中村俊輔、中村憲剛、遠藤保仁というエクストラ（特上）なプレーヤーを支える鈴木啓太のような存在。

山本　走りながら考えることの重要性を発信してもらったことは日本サッカー界にとっても良かったと思いますよね。オシムさんは「日本サッカーを日本化する」ということをおっしゃっていましたが、それは、日本サッカーに無いものを嘆くのではなく、日本人の特徴に目を向けて、それをどう組み合わせるかということだったと思うんです。中村憲剛や中村俊輔や遠藤保仁らが示すアイディアは素晴らしいとずっと言っていて、それをより生かすために本人たちにより走ることを求めました。選手たちを育てながら、それぞれの特徴を生かす手腕も持っていた。

ドイツのワールドカップに出場したジェフのFWの巻誠一郎の成長もしかりですよね。その成長を「教える」のではなく「考えさせる」ことで促した。3対3のフルコートの練習なんて、走らなければどうにもならない。私がそんなことしたら「あの監督、バカじゃないの」と言われるでしょう（笑）。

武智　必要だからやる訳ですけどね。

山本　いつ、どこに走るか。考えながらやらないといけないわけですからね。サッカーの新しい考え方、捉え方を教えてもらいましたね。練習を見させてもらって、傍目《はため》にも選手自身にも先発がわからないやり方とか。練習には色んなことが詰まっていました。リードしているとき、追いかける展開のとき。あらゆることを想定した中で、そういうものも練習に落とし込まれていました。普通の練習だと、ホワイトボードに選手の名前を書き込んだ磁石を貼って、「この練習を何分間やったら、次はこういう練習をやらせるぞ」なんてコーチに指示し、「このグルーピングが次はこう変わるから、それに合わせてビブスを配れよ」なんて事細かに説明する。

武智　そういう練習を全否定する気はありません。効率的にカリキュラムを消化していくような快適さはあると思いますし。でも、どこか流れ作業的になってしまうというか……。

山本　オシムさんはコーチ陣の誰にもメニューを言っていないからコーチ陣もピリピリしながら「なんだ⁉」となる。緊張感がすごいんですよ。言われた通りにこなすのはコーチにしろ、選手にしろ、日本人は得意なんだけど、その得意なことをさせてくれないわけです。

武智　予測不能なことにトライするのがサッカーだ！　という思想が根本的にあって、それが練習の組み方にも表れるんでしょうね……。そうすることで選手のメンタリティーも同時に鍛えていってたんじゃないでしょうか。

山本　これは（監督を）辞めてから気づいたことですが、「教える指導者」は能力がまだ足りないと思った方がいい。優れた指導者の究極はジーコさんかもしれない。つまり監督が事細かに指示や説明をしなくても、成熟した選手がしっかりと連携連動してチームとして機能させることができたら、それに越したことはないわけです。でも、それにはしっかりとしたベースが必要で、残念ながら今の日本にそれはまだない。

その実現を早めるには、日本代表選手の所属先がレアル・マドリードやマンチェスター・シティのような、UEFAチャンピオンズリーグで戦うクラブばかりになっていくことが必要なのかもしれない。監督が「このトレーニングは、こういうことを狙ってやっている」と選手にいちいち教えているレベルだと世界の頂点に立つのは難しいでしょうね。

武智　ジェフ時代から引き続き、代表でもオシムさんの下で働いた江尻（篤彦）コーチや小倉（勉）コーチは、一緒に仕事する中で苦労しながらも次第に先を読めるようになるじゃないですか。でも、北京五輪代表監督と兼任して代表コーチに加わった反町さんは、オシムさんとの時代を「最初は何をやるのか分からないことが多くて大変だった」と振り返っています。練習から取り残されるような格好になって。オシムさんの練習に慣れていた羽生（直剛）らジェフの選手に「ソリさん、次こうですよ」と教えてもらい、それに助けられたこともあったらしいです。

あと、オシムさんの下でコーチ経験のある人と話していて、意見が一致したのは、オシムさんは理数系の人ということでした。トランプで麻雀みたいなゲームがあるんですけど、めちゃくちゃ強かったらしいです。コーチ陣とやっても絶対に負けなかったといいます。順列とか数独とかにやたら強い人で、練習で選手をめまぐるしく動かしても、きっと頭の中では整理されていたんでしょう。

山本　このエリアでは3対3で、このエリアに入って4対3になってというようなトレーニングで、そういう数合わせの計算みたいなことが速いんでしょうね。練習を見ていて、「これは上手くできていないな。このシチュエーションで1人、フリーマンを増やしたらもっと厳しい練習ができるな」とか、そういうことの計算がピッチ上で選手のコンディションを踏まえつつできる。きっと失敗した練習も多いと思うんです。失敗の量が多くないと成功の例は増えていかないから、そういう意味でもオシムさんは多くのことを経験してきたんだと思います。

語っていた日本サッカーの未来は今に近い

武智　任期の途中で倒れられて、オシムさんが率いる日本代表を見られなくなったのは残念でした。日本経済新聞で『オシム@ジャパン』という連載をしていたときに語っていたサッカーの未来は、本当に今のサッカーに近いように感じます。自分が監督ですから日本代表については具体的な話をしづらかったと思いますが、トヨタカップやUEFAチャンピオンズリーグの話を持ち出すと、いろいろと語ってくれて、その中でどんなサッカーをイメージしているのかは伝わってきました。

例えば、アルゼンチンのリケルメ（ファン・ロマン・リケルメ）の話なんかを振ると「リケルメはリケルメとして完ぺきだ。しかし守りをしないのでビッグクラブでは生きる場所はないだろう。まあ、監督次第だが。リケルメの能力をフルに生かすには彼の分まで守る選手と、用心棒のように彼自身を守る選手を置く必要がある。その二人分の損失を監督がどう考えるかだ」「ピッチ上の11人があらゆるポジションができる万能化へ世界の潮流が向かっている時代にあっては、その流れに逆行した存在ともいえるだろう。（万能化は）タイムマシンに乗って見てくるとか、そんな遠い先のことではない。欧州のビッグクラブの中で近い将来、そういうサッカーを実現させるところが出てくるだろう」。そんなふうに「オシム@ジャパン」の中で語りながら、日本にはインテリジェンスとテクニックを持った選手がいる。彼らが走るようになれば日本サッカーに伸びしろはあると語ってもいました。

山本　日本の選手たちの良さを理解した上で、引き出すイメージがあったんでしょうね。技術は急に伸ばせないですけど、走ることでベースを上げて、良いところを組み合わせると日本はもっと成長できると思っていたのでしょう。

武智　オシムさんが、よく言っていた「リスクを冒せ」という話がありますよね。あれは日本にある現状維持のステイ主義に対する警告だったと思っています。とりあえず下がる、あるいはその場にとどまってブロックを作る、スペースを埋めれば怒られないかなという考え方に対する警告です。それに対して、「もっと出ていけよ」というメッセージだったと思っています。選手に話を聞くと、練習でオシムさんが「ブラボー」を連発するのは追い越す動きが出たときだと。一列どころか二列、追い越して出ていくと「ブラボー」が聞こえると。それはアンチ・ステイ主義なんですよね。その場にとどまるな、前に出ていくリスクを冒していいんだよいうことです。

山本　なんで行かないんだよって。実際、そういうリスクを冒せる選手が選ばれてましたから。

武智　育成年代の練習でも日本は、行くなとか、飛び込むなという言葉を耳にすることがよくありますもんね。

山本　日本人が一番、間違っているのはそこなんです。飛び込んだらダメだと言っていると、前を空けているわけで、いつボールを取るんだという話になる。そういう指導者のいるチームは、常に前を空ける。

武智　放っておけばボールの持ち手がパスミスなりドリブルし損ねて勝手にミスをしてくれる。だからそれまで待てと。いわば相手のミス待ちの方がいいという思想でしょう。でも戦う相手が上のレベルになればなるほど、ミスをするどころか、その開けた間合いを突いてシュートとかパスを通しにかかるわけで。

山本　そのことをオシムさんはわかっていたと思うので。あの「ブラボー」には深い意味があったと思います。それがいいチャレンジなのか、どうなのかということですよね。

武智　F1レーサーだった中嶋悟さんが若いドライバーたちの何を見るかと言ったら、コーナリングで、そこでスピンしてもかまわないと言うんですよ。スピンしない限り、自分の限界がわからないから。その話を聞いていて、サッカーも同じだと思ったんですよね。

山本　チャレンジですよね。内田篤人が今、日本サッカー協会のロールモデルコーチとして若い選手を指導していますが、彼も「ボールを奪いに行け」と言うんですよね。5メートルも空けていてどうすんだと。奪いに行ってかわされてもセンターバックがカバーするから心配するなって。そういう意識ですよね。彼はそういう意識だったから、奪って前に出てチャンスを生み出せたんだなって思いますよ。一流選手はみんなそうだろうなと感じます。

チャレンジして失敗して学んだ、それがプレーの成功率を上げていく実は一番の近道。そういうことが見えていたオシムさんのもとで鍛えられたジェフが、あのメンバーで、と言っては失礼ですけど、2005年にJリーグカップのタイトルを獲った訳ですからね。選手たちの最大値を引き出せる監督なんだと思います。

武智 リーグ戦もオシムさんが就任した2003年以降、3位、4位、4位と上位でした。ですから、オシムさんが代表の選手たちの力を引き出したら、この先どうなるのかと本当に楽しみだったんですけどね。

第7章

岡田武史（第2期）

～ブレることにブレない強さ～

岡田武史

おかだ・たけし／1956年8月25日生まれ、大阪府出身。95年に日本代表のコーチとなり、97年に加茂周監督の更迭を受けて監督に昇格。そのままアジア予選を突破し、98年フランス大会でも指揮を執った。その後、札幌、横浜ＦＭの監督を歴任。札幌をＪ１昇格に導き、横浜ＦＭでは03、04年にＪ１連覇を達成した。07年12月より再び代表監督に就任し、南アフリカ大会で国外の大会では初となる16強入りを果たす。代表監督退任後はＪＦＡ理事を務め、12年１月に杭州緑城（中国）の監督に就任し、13年11月まで指揮を執った。23年３月現在、ＪＦＡの副会長、ＦＣ今治会長を務める。

在任期間	2007年12月－2010年7月
主な大会の成績	南アフリカW杯・ラウンド16（10年）
就任背景	オシム前監督が病に倒れて退任したことに伴い、要請を受ける。日本人選手の特徴を知り、フランスW杯を経験した指揮官が日本代表で2度目の指揮を執ることになった。
事績	就任後、「接近・展開・連続」を掲げてチーム作りを進めるも、大会直前に大胆な方向転換を図り、国外のW杯で初めてラウンド16進出を果たした。

2010 南アフリカW杯メンバー

Pos.	No.	名前	所属(当時)
GK	1	楢崎正剛	名古屋グランパス
	21	川島永嗣	川崎フロンターレ
	23	川口能活	ジュビロ磐田
DF	3	駒野友一	ジュビロ磐田
	4	田中マルクス闘莉王	名古屋グランパス
	5	長友佑都	FC東京
	6	内田篤人	鹿島アントラーズ
	13	岩政大樹	鹿島アントラーズ
	15	今野泰幸	FC東京
	22	中澤佑二	横浜F・マリノス
MF	2	阿部勇樹	浦和レッズ
	7	遠藤保仁	ガンバ大阪
	8	松井大輔	グルノーブル(FRA)
	10	中村俊輔	横浜F・マリノス
	14	中村憲剛	川崎フロンターレ
	17	長谷部誠	ヴォルフスブルク(GER)
	18	本田圭佑	CSKAモスクワ(RUS)
	20	稲本潤一	川崎フロンターレ
FW	9	岡崎慎司	清水エスパルス
	11	玉田圭司	名古屋グランパス
	12	矢野貴章	アルビレックス新潟
	16	大久保嘉人	ヴィッセル神戸
	19	森本貴幸	カターニア(ITA)
監督		岡田武史	

RESULT

■ 南アフリカW杯

- 2010年6月14日
  (GS@ブルームフォンテーン)

  日本 1－0 カメルーン

  得点:(日)本田圭佑

- 2010年6月19日(GS@ダーバン)

  日本 0－1 オランダ

  得点:(オ)スナイデル

- 2010年6月24日(GS@ルステンブルク)

  日本 3－1 デンマーク

  得点:(日)本田圭佑、遠藤保仁、岡崎慎司
  (デ)トマソン

- 2010年6月29日(ラウンド16@プレトリア)

  日本 0－0(3PK5) パラグアイ

代表ダイレクターというポジションの意味

武智　オシムさんが2007年11月に急性脳梗塞で倒れられて代表監督を辞めることになり、12月に再び岡田武史さんが代表監督を務めることになりました。率直な印象は、この窮状をしのげるのは岡田さんしかいないだろうというものでしたね。

山本　当時のJFAの技術委員長は小野剛氏でしたが、病に倒れての急な監督交代の準備はさすがにしていなかったと思います。あんな形でオシムさんが辞めるなんて誰も予想できませんから。その中で頼れる人は限られていたはずです。岡田さんがフリーでいてくれてよかったというのが、日本協会の正直な思いだったんじゃないでしょうか。

武智　小野さんは、98年フランス大会で岡田さんが日本代表を率いて戦ったときのコーチでした。監督就任を要請した理由をメディアから問われた際に「岡田さんしかない」とコメントして揚げ足を取られて気の毒でした。小野さんは「このピンチをしのげるのは岡田さんしかいない」という意味で発言したのに、「選択肢が他になくて岡田さんしかいなかった」と解釈するメディアがありました。このあたりの言葉遣いは本当に難しいですね。

山本　ちょっと話は逸れますが、技術委員長の仕事は本当に多岐にわたる大変なもので、小野さんはこの経験から代表ダイレクターというシステムの導入を訴えるようになりました。ヨーロッパの多くの国々が取り入れているもので、代表チームのサポートに注力し、代表の結果に対しても応分の責任をその人が取るという立場の職になる。技術委員長はサッカーの普及、選手育成、指導者養成、そして強化と、サッカー界全体を俯瞰して見なければならない、幅広い仕事です。代表チームだけを見ているわけにはいきません。2020年の一時期、反町技術委員長と関塚（隆）代表ダイレクターでそういう体制を組みましたが、途中で反町さんに集約される形となりました。いずれにせよ、日本が成熟していくためには、必要なシステムだと思います。

武智　本当にそうですよね。とりわけ問題となるのは監督人事の面でしょう。

山本　技術委員長が代表監督の評価とサポートを同時に行うのは時間的に、やはり無理があると思います。ワールドカップ（以下、W杯）の結果次第ですが、家の前にメディアに張りつかれて、「次の監督はどうなるんだ！」と取材を受け続けることもあるわけです。技術委員長がそこまで引き受けるのはあまりに大変でしょう。代表で選手経験があって国際経験も豊富な人物が、いずれそういうポジションに就くのも、いいことじゃないかと勝手ながら思います（対談は昨年9月に実施）。

武智　ドイツ代表でいえば、元代表選手でACミランでも選手として優勝経験を持つオリバー・ビアホフですよね。引退後は代表のチームマネジャーとなり、ユルゲン・クリンスマン、ヨアヒム・レーブ、ハンス・ディーター・フリックという歴代監督をサポートし続けました。

山本　技術委員長が10年先の未来を見て、いろいろな施策を立案し実行する人だとすれば、代表ダイレクターは代表監督に寄り添って、4年後のW杯で勝つためのロードマップをともに考え、後押ししていく人です。

武智　10年、20年のスパンで大計を立てて遂行しなければならない人が、代表の勝ち負けで監督の任が解かれた、その連帯責任で「おまえも辞めろ」となるのは組織として絶対におかしいと思うんですよ。代表の勝ち負けは不祥事とは違うんですから。汚職とかセクハラ、モラハラとかの類いなら「幹部、全員辞めろ」と言われても仕方ないですけどね。それはトップの会長も同じです。１９９８年のフランスＷ杯のアジア最終予選の際には「長沼、辞めろ」という会長批判が渦巻きました。ネルシーニョに交代という強化部門の提案を抑えて加茂さんの留任を決めたのも、加茂さんから岡田さんへの監督交代を決断したのも当時の長沼会長だったから、最終予選で苦戦する度に批判の矢が飛んだわけです。

でも、その頃の長沼会長は２００２年Ｗ杯共催の成功のために尽力している最中で、文字通りサッカー界の「顔」でした。世界中を行脚し、共催とはいえ、日本にＷ杯を招致した大功労者でもあり、国際的な人脈も豊富だった。そんな人物を辞めさせられるわけがない。むしろ辞められたら困るから、本人がそう思っても周りが押しとどめたことでしょう。当時の長沼会長の胸中を思うと、いたたまれない気持ちになります。その頃から私は、代表監督の進退と協会のトップの進退がひも付くことに懐疑的でした。それはクラブ単位で考えても分かることでしょう。トップチームの監督を代える度に経営トップのクビをすげ替えていたら大変なことになります。そもそも経営トップに求められるのはチームの勝ち負け、浮き沈みに左右されない経営基盤を作り上げることなんですから。

山本　継続性が必要な場所に、継続性を作れなくなってしまっては元も子もない。代表チーム以外のところで積み上げてきた大きなものを失ってしまうことになりかねないので、そこは考えなければならないですよね。協会の会長、技術委員長、代表監督はそれぞれ異なる時間軸で仕事に当たっている。そのことは、サッカーファンの皆さんにも理解してほしいですし、サッカー協会も、そういうことについてもっと発信して説明していくべきだと思います。

代表ダイレクターは短命で仕方がない仕事ですが、その役割は会長や技術委員長とは違うんだということですね。日本代表には今後、チャンピオンズリーグに出るような選手が増えていくと思います。そんな選手の待遇を考え、その選手たちをマネジメントする監督の立場を守り、矢面に立つことは当然、多くのリスクを伴います。代表ダイレクターの役割について日本サッカー協会は今後、しっかり考えなければいけないと思います。

君子豹変すという古事成語にぴったりな人

武智　第2次岡田政権に話を戻しましょう。オシムさんというグレートな指導者の後を引き受けるというのも結構、大変なことでしたよね。第1次の時といい、岡田さんは急な指名でペナルティースポットに立たされることが多い。不思議な運命（さだめ）を持った人ですよね。オシムさんのチームをどう引き継いでいくべきか、当初は迷いがあったように見えました。

山本　岡田ジャパンはW杯アジア予選を突破した後、特に南アフリカ大会開催年の2010年に入ってからずっと調子が悪かった。それで多くの批判を受けていましたが、私自身は大会前に調子の良いチームはロクなことがないと思っていたので、それほど心配はしていませんでした。

武智　4月7日のセルビアとのキリンチャレンジカップから6月4日のコートジボワール戦まで4連敗で本番に臨みましたからね。

山本　ジーコ・ジャパンが本番直前のドイツ戦で好勝負を演じた話をしましたが、本大会で結果は出なかった。一方で岡田さんは、直前でチームを変える勇気がありました。5月24日の壮行試合（埼玉）で韓国に0－2で負けた後、6月14日のW杯初戦、カメルーン戦までの間にチームを大きく変えた。システムを変え、大黒柱と思われた中村俊輔をベンチに置き、1トップを本田圭佑、阿部勇樹をアンカーにしてボランチは長谷部（誠）、遠藤（保仁）を並べて「頼むぞ」と託した。

それまで日本が主導権を握って戦うサッカーを求めていましたが、経験と覚悟がなければできない決断でした。普通は、選手が納得しない。「これまでのサッカーは？」となりますからね。でも「これしかない」と言い切れるのが岡田さんなんです。

武智　思うに、すごく変な言い方になるし、岡田さんに「ふざけんなよ、タケチ」と言われそうですが、ブレるということにブレない人なんですよ、岡田さんは。中国の故事成語に「君子豹変（くんしひょうへん）す」という褒め言葉がありますよね。英語でいえば「ジャガー・チェンジ」ですか（笑）。これに岡田さんほど、ぴったりはまる人はいないとも思っています。目的を達成するためなら腹をくくって、なりふり構わず打つべき手を打つ。それは僕が感じる岡田さんの一番の魅力でもあります。

山本　人間的な強さが岡田さんにあるからできる決断だったと思います。選手を納得させてやらせたわけですけど、中でも初戦のカメルーン戦の本田圭佑のゴールが大きかった。ピッチサイドで見ていると、選手も岡田さんも大きなプレッシャーを感じていたのが伝わってきましたが、あの1点で雰囲気が変わりましたから。後で聞くと岡田さんは「今日は行ける」と思っていたといいます。

武智　オシムさんが倒れたときに、岡田さんに後任の話があるんだろうなと思っていました。小野剛さんとの関係を考えたときに岡田さんは有力だと思ったからです。それで「もし代表監督の話が来たらどうするんですか？」と聞いたんです。そうしたら本人は「絶対やらない」と言ったんですよ。当時、岡田さんは環境問題とか、いろいろなプロジェクトに取り組んでいて、監督をやっていないから暇というわけではなかった。むしろすごく忙しくて、代表監督を引き受けたら、そういうものに支障が出る。だから「やらない」と。でも、その後で小野さんに会って本当に打診されたら「火が付いた」「逃げるわけにはいかない」と思ったらしいです。そのいきさつを後日聞いて「ジャガー・チェンジだ」と思いました。

山本　W杯でやり残したことがあるとか、あの舞台にもう一度立ちたいとかではなく、日本サッカーのピンチだから引き受けたということですよね。そうでなければ、あれだけストレスのかかる仕事を、あの難しい状況で積極的に引き受けたいとは思わないでしょう。当然、家族の反対もあったはずですし。小野委員長の説得がすごかったのかもしれないですけど。

武智　それもオシムさんのようなカリスマから引き継ぐわけですからね。並の監督から引き継ぐわけではないですから、誰がやったって損な役回りでしょう。だから「俺はやらないよ」と言われたときには、仕方がないと思ったんですけどね。

山本　就任した岡田さんの仕事ぶりを振り返ると、いろんな経験をしてきたからこそできた決断がいくつもあったと思います。（川口）能活を23人目の選手として呼んだことか、選手同士のミーティングを容認したこととか、直前のシステム変更もそうですし、オシムさんをただ引き継ぐのではなかった。『接近・展開・連続』というキーワードを発信し、その時点での日本サッカーの積み上げをしっかり体現しようとしていました。

武智　大会前の壮行試合で埼玉スタジアムで0－2で韓国に負けました。その直後の記者会見で、岡田さんは日本サッカー協会の犬飼基昭会長（当時）に「（監督を）続けていいんですか？　会長もいろいろ言われますよ」と話したと明かしました（2010

年5月24日)。会見場にいた私は、岡田さんがそういうボケをかます人だとわかっていたから真剣に受け止めなかったんですけど、周りは「会長に進退伺いを出したんですか！」と色めきだった。その光景を見ながら、岡田さん、トンデモなく滑ったな、と私は思いました。そういうことをする人なんですよね。根が関西のオモロイおっちゃんというか(笑)。

山本 あれは、会見に臨むにあたってのメディアに対する先制攻撃だったんですよね？

武智 そういう面もあったんですかね。よく分かりません。結果、次の日の練習前かな、岡田さんは選手の前で釈明することになったんですから。「こんなタイミングで仕事を投げ出すわけがない」と(苦笑)。

山本 少し変わっていると思われるくらいのことをやれてしまう人物じゃないと、代表監督は務まらないのかもしれない。サッカーを知っているとか、そういうことだけで務まるものでもないし、想像を絶するプレッシャーの中で仕事に当たるには、どこか普通の感覚ではいられないところがあるのでしょう。

武智　確かに、どこか、ありきたりなことに対する反発心のようなものを岡田さんには感じます。そこそこの戦い方をして、そこそこの中身で敗れても、日本の場合、それほど責められることはない。「まあ、世界のトップを相手にすればこんなもんでしょう」「世界との距離は遠かった」みたいな諦め交じりの言い方をされて。そういうことが岡田さんは腹立たしくて仕方ない。やるからには、どこが相手でも勝ちたいと真剣に考え尽くすし、勝つためなら理想の帆をたたんで、リアリズムに徹することもできる。勝ち気の塊みたいな人であり、チームをサバイバルさせる能力がすごく高い人なので。

山本　岡田ジャパンで、いろんなタイプのコーチを集めましたよね。でも、みんなの意見を全部取り入れているかと言えば、そんなことはなかった。中心にはいつも岡田さんの考えがあったと思います。

武智　最初はオシムさんを引き継いでチームづくりをしていくわけですけど、最後には、やっぱり岡田さんのチームになったと思うんですよね。岡田さんの持ち味で勝負したというか。先日、98年のW杯のアルゼンチン戦とクロアチア戦を立て続けに見直したんですけど、やっぱり岡田さんのチームだなと思いました。みんながとにかくファイトしている。秋田豊とか、もう狂ったように（ガブリエル・）バティストゥータとやり合っていた。中西永輔はクラウディオ・ロペスに張り付いて、こぼれて来る選手を井原正巳がカバーしまくるみたいな。球際のところで緩い戦いをしている選手は皆無。南アフリカ大会もこうだったなと。走れる選手、戦える選手をピッチに並べていたし、いろいろ物議を醸した直前のシステムや戦術変更にしても、見かけは変わっても、選手に求める本質は何も変わっていなかったんだなと改めて感じました。

山本 自国開催以外で初めてラウンド16に進出したというのは、とても大きな成果だったと思います。初戦でカメルーンに勝ち、準優勝するオランダに0－1で負けたけれど、デンマークに完勝してラウンド16に進出、パラグアイには0－0で延長まで戦い、ＰＫ戦で敗れた。失点はオランダ戦の1点とデンマーク戦の1点のわずか2。得点は4点で、成績としては2勝1分1敗ですからね（パラグアイ戦は記録上、引き分け扱い）。ＦＩＦＡの公式記録では最終順位は9位ですから。南アフリカ大会で記録された直接ＦＫは4ゴールあったのですが、そのうち2つを本田と遠藤が決めました。Ｊリーグは春から大会球のジャブラニを使用していたので、遠藤がそれに慣れていたことも大きかったと思います。これは準備力というところにも繋がってくる話でとても重要です。岡田さんはセットプレーからの得点を得意とする指導者だと思いますが、準備も含めて、成果が出たのは素晴らしいなと思いますね。

武智　セットプレーでやられないというのも、岡田さんのチームらしいところでした。

山本　守る側の立場になると、セットプレーは必ずゴール前にボールが来る。そこでしっかり対応できれば、逆にカウンターのチャンスが来る。勝負どころが、わかっているんですよ。

武智　98年のフランス大会の試合を見ていて、改めて岡田さんはＤＦ出身の監督なんだなとも感じました。センターバックの人選がフランス大会は秋田、井原、中西の3人で、マリノス時代は松田直樹と中澤佑二、河合竜二らが重用されました。南アフリカ大会は闘莉王と中澤。みんな、強面《こわもて》というか、相手に好きにやらせないぞというDFですよね（笑）。

山本　シュートブロックを見てもわかりますよ。2010年大会で遠藤が必死に体を投げ出して、スライディングしてシュートブロックする場面があるんですけど、われわれが知る遠藤は、そういうタイプではないですよね。つまり、そこまで要求されているということです。中盤の選手たちが必死にプレーする姿は、「THIS IS岡田サッカー」でした。

武智　直前の変更の中にゲームキャプテンの交代もありました。中澤から長谷部誠への。GKも楢崎正剛から川島永嗣に代わりました。どちらも大ごとだと思うのですが、岡田さんは代えられた2人にこまごまと説明していないようなんですね。岡田さんの中にはきちんと理屈があって、中澤に対しては自分のプレーに専念させた方が本番でもっと輝けるだろうという見立てがあった。中澤にプレーに集中してもらって、代わりにキャプテンを誰にするかとなったときに「長谷部以外に誰かいる？」と。岡田さんの中では、いずれキャプテンにするつもりだったのが、少しその時期が早まったくらいの感覚だったのではないでしょうか。中澤や楢崎はそれで落ち込んだとは思います。でも、岡田さんには、だからといって、そんなことで不協和音を奏でるような人間ではないという信頼感も彼らに対してあった。23人を選ぶ段階で、いろんなショックに耐えられる人間を選んでいた、ということなんだと思います。

山本　チーム状態が良かったら、それこそ大きな変更はしにくい。刺激策が必要な状況だったので、変えたところも当然あります。そのタイミングを、あそこまで持って来れるところが、岡田さんの手腕ということです。よく言いますけど、チームは生き物で、温度が変わる。そこには選手がいて、「今日、この選手はやりそうだ」ということを感じられるかどうか。オシムさんは先発に安穏としている選手をつくらない方法論でしたけど、岡田さんには岡田さんの基準があって、選手を選んでいた。アプローチは違うんですけど、二人とも選手の変化、チームの温度を見ることができるんです。

間に合ったのは選手の力でもある

武智　カメルーン戦が終わった後、ミックスゾーンにいたんですよ。そのとき、たまたま解説の仕事で来ていた関塚（隆）さんと一緒になった。カメルーンに勝ったことを「びっくりしましたね」なんて話していたら、そこにある選手が通りかかって。その選手が驚いたように僕らに言うんですね。「間に合わないかなと思ったら、間に合っちゃいました」と。おそらく本音だったと思うんです。岡田さんは、2010年に入ってから頼みとする主力選手の不調をどうカバーするか、ずっと悩んでいた。その対策も含めて実際にいろいろな手を打ち始めたのは日本を発って、スイスのサースフエーでキャンプを張ってからでしょう。南アのベースキャンプのジョージに移ってもあれこれ試行錯誤していた。

最終的に本番で戦う形が整ったのはカメルーン戦の4日前（6月10日）のジンバブエとの非公開の練習試合だったといいます。選手が「さすがに間に合わないんじゃないか」と思っても無理はないですよね。でも結果的にこの突貫工事は間に合った。

山本　岡田さんの中には、こうなったらどことやってもやられないという基準があったんだと思います。そこははっきりしていた。

武智　それまで、あまり重用されていなかった松井大輔が本番では全試合に先発で使われた。南アの大会が終わった後、私がその理由を聞いたら「両サイドに松井、大久保（嘉人）を置いたのは、あいつらが球際で負けないから。やられないから」と即答でした。あの中盤に横一列に5人を並べるやり方は、列強に比べて体のサイズが小さくてリーチも短い日本の選手がスペースを埋めるに有効なやり方なんでしょうね。その5人をどこに持ってくるか。最終ラインなのか、MFなのか。その選択で岡田さんはMFを選んだ。

山本　その松井のクロスからですから、カメルーン戦の本田圭佑のゴールは。

武智　本田の1トップ起用もボールを収められる戦術的な理由はあるのでしょうが、本田自身が持っている得体の知れない力に懸けたところもあったのかもしれない。だって、あのカメルーン戦の先制点、どう見ても私にはトラップミスにしか見えませんから。それが自分の体に跳ね返って、シュートができる位置にボールが止まるんですから、あの大会の本田は何かを持っていたとしか思えない。そんな本田にゴール前を託した岡田さんには、そういう何かを見取る力があるのかもしれません。

山本　そもそも本田は戦えるし、体は強い。キープもできる。そういう面はあったにせよ、「あれだけ言うんだから試合でもやるだろう」という岡田さんの考えもそこにはあったかもしれませんね。

私が言うのもおこがましいですが、岡田さん自身が2度目のW杯で、いろんな経験をしたからこそ、南アフリカ大会は自国以外でラウンド16に進むという結果を出すことができたと思います。やっぱり1度経験している舞台だったことは大きかったと思うし、直前に大ナタを振るうことも、W杯の基準を知っているからこそできたのだと思います。

武智　絶対にそうなんでしょうね。

山本　そういう経験値みたいなものは着実に日本サッカーに蓄えられているはずです。2002年の日韓大会ではラウンド16でトルコに0－1で敗れました。そして南アフリカ大会ではパラグアイと延長、PKまでいった。しかも失点せずにいったわけです。同じベスト16でも中身が違う。対戦相手ももちろん違いますけど、成長を示した結果だったと思います。ギリギリ、ベスト8に近づいたけれど、それでもまだ足りないということを知ることができた。次に生かせる日本の財産が増えたのは間違いなかったと思います。

武智　得体の知れない話はあまりするべきじゃないのかもしれませんが、「ゾーンに入る」みたいな話も岡田さんは当時、語っていました。個人レベルで「ゾーンに入る」ということはスポーツの世界ではよく起こる。例えば、ゴルフのパッティングの場面で、打つ前にキャディーバッグが倒れてドーンと大きな音がしたとします。でも、パット打つ本人は極限まで集中していて一切気づかなかったと。そういう個人レベルではアスリートなら多かれ少なかれ経験している状態に、チームとして入れないか。入れたら、それまでできなかったことができるんじゃないか。そんなことまで岡田さんは考えて試行錯誤していた。脳科学の先生や、いろんな人と交流しながら。

南アの大会が終わったあとで、岡田さんに「今回のチームはゾーンに入っていたんですかね？」と聞いても、それは証明のしようがないことなんで岡田さんも「分からん」と答えていましたけど。でも、かなりいい精神状態で4試合を戦えたんだろうなと思います。

山本　南アフリカ大会で、本大会まで主力だった選手たちがベンチスタートになりましたが、みんながサポートしていたし、試合に勝つために必死だった。そういうチームになれる力があったということですし、そういう雰囲気が、やっぱり大事なんだということですよね。ドイツ大会では見られなかったことが見られたし、それはこれからも継続しなければいけないことだと思いますよ。

武智　選手たちには、満足感はなかったと思うんです。ベスト16から勝ち上がれば、次はスペインとの対戦だった。当然、選手たちには優勝候補筆頭のチームと対戦したい思いがあったはずです。パラグアイは、決して勝てない相手ではなかったという悔しさもあったでしょう。でも、胸を張って勝てる相手だと言い切れるかというと、そうでもない。何かモヤモヤとした感じが残った。そのモヤモヤが次のモチベーションになっていきました。きっちり守れば、あそこまでやれるという実感は得られた。でも、その先に勝ち上がるには、点を取らなきゃいけない、取れるチームにならないといけないという思いも強くなった。

日本代表のよくあるパターンなんですけど、今回のW杯を振り返ってみてどうだったか、何が足りなかったのかということを考えて、次のW杯はそれを克服し表現するステージになると捉える。そういう意味で、南アフリカ大会で、選手には「攻め勝てるチームにならなくてはいけない」という共通意識みたいないものが生まれたと思います。自分たちにチャンスをつくる力と決め切る力があれば、もう一つ上に行けたという悔しさは、特に、次の大会も出られるような年齢の選手たちに共有された。それが「試合を支配して勝つ、自分たちのサッカーの実現」という渇望につながりました。

山本　川島にしても本田、長友、長谷部、内田、バックアップメンバーだった香川にしても4年後のブラジル大会は脂が乗りきった状態で戦える年齢でしたからね。目指すところがさらに上になるのは当然のことでした。それはアスリートの本能でもありますし。そうならない方がおかしいとも言えます。

武智　南ア大会が終わった後、もう一つ、気づかされたことがあります。W杯から帰ってきて、Jリーグの会場で城福浩（現東京ヴェルディ監督）さんに会ったら「日本の選手たちをもっと評価してやってください」と言われました。何が言いたいのかというと、岡田さんの急な変更に対応できたのは、日本の選手たちの力もあってのことだというわけです。われわれメディアは、外国の選手に比べて日本の選手は「ここが足りない」「あれも足りない」と卑下して言いたがる傾向がありますが、いいところもたくさんありますよと。目からウロコが落ちる思いでした。確かに、アフリカのチームが大会前にボーナスの分配方法をめぐって空中分解する話とかザラにありましたよね。南ア大会のフランスは監督と選手が対立してチームが崩壊し、最下位でグループステージ敗退しました。
本番直前になって、中盤に5人を置いて、本田の1トップでやっていくと言われて、それを消化して試合ができる形に持っていくなんてことは「武智さんたちが思っている以上に日本の選手の戦術理解力が高い証拠であり、そういう力を磨くトレーニングをJリーグでも普段やっているからです」と。確かにそうだなと思いました。窮地に立たされて、余計に強まる結束力とか。そういう日本の選手のユニークさも財産として、大事にしていかなければいけないんじゃないかと思いました。

山本　われわれには当たり前すぎて、気がつかないけれど、言われてみればそうだなという特性はたくさんありますよ。ただ、それは往々にしてマイナスに作用することもあるので、取り扱いには注意を要しますが。

武智　特に強制したわけでもないのに、政府がお願いベースでしていることを日本人はみんながしっかり守ってマスクをつけますよね。「医療従事者に迷惑をかけるわけにはいかんだろう」と。一方で、つけない人がいると「なぜつけないんだ！」と同調圧力をかける。こういうのは良さと怖さが裏表ですもんね。たぶん、そういうのはサッカーにも出ていると思うんです。まとまるのはいいことだけれど、まとまりすぎると殻を破れなくなって次の一手が遅くなるみたいな。

山本　代表監督は、そういう日本の選手の心の中まで分け入ってチームづくりをしたり、采配をふるえる人物でないと困ります。

武智　岡田さんは、そういう日本人の特徴についてよく考える人でした。指導するときに「これをやるな」みたいな否定形で語ると、本当にそれをまったくやらなくなってしまう。逆に「これをやれ」と指示すると、今度はそれしかやらなくなるところがあると。そうやって選手が自縄自縛にならないように、ミーティングでの言葉遣いも、いろいろな工夫をしたそうです。それらのことを踏まえて思ったのは、次の監督には4年間きちっとチームづくりをさせたいということでした。岡田さんのように途中からではなく、こうした日本人の特性をうまく生かして、ちゃんと時間をかけてチームづくりをさせたら、もっと上に行けるんじゃないかと考えたからです。

ラウンド16のパラグアイ戦でＰＫを外してしまった駒野友一を労う岡田武史監督

第8章

アルベルト・ザッケローニ

～最後の最後で弾け飛んだ夢～

アルベルト・ザッケローニ

Alberto Zaccheroni。1953年４月１日生まれ、イタリア出身。ケガや病気の影響により20歳を前に選手生活にピリオドを打ち、ペンションの従業員や保険代理店を経営しながら、指導者としても活動。83年、30歳の時に当時セリエＣ２のチェゼナティコの監督に就任し、その後、ウディネーゼ、ＡＣミラン、ラツィオ、インテル、トリノ、ユベントスなどイタリアの名門クラブの監督を務める。ミラン時代の99年にはセリエＡで優勝した。2010年に日本代表監督に就任。11年のアジアカップで優勝を果たし、予選を突破してブラジルW杯にチームを導く。14年に退任後、北京国安やUAE代表監督を務めた。

在任期間	2010年8月－2014年6月
主な大会の成績	アジアカップ優勝（11年）、ブラジルW杯・ＧＳ敗退（10年）
就任背景	南アフリカ大会における守備に軸足を置く戦いを経て、より攻撃的なサッカーを目指す方針の中で招へいされた。主要海外リーグでの豊富な経験と実績も評価された。
事績	素早いパスワークとサイドを起点にした攻撃サッカーを志向し、個性豊かな選手たちの力を引き出してアジア制覇を成し遂げる。ブラジルW杯に向かう過程で強豪国とも好勝負を演じたが、攻撃重視の「俺たちのサッカー」は肝心の本大会で結果に繋がらなかった。

2014　ブラジルW杯メンバー

Pos.	No.	名前	所属(当時)
GK	1	川島永嗣	スタンダール(BEL)
	12	西川周作	浦和レッズ
	23	権田修一	FC東京
DF	2	内田篤人	シャルケ(GER)
	3	酒井高徳	シュツットガルト(GER)
	5	長友佑都	インテル(ITA)
	6	森重真人	FC東京
	15	今野泰幸	ガンバ大阪
	19	伊野波雅彦	ジュビロ磐田
	21	酒井宏樹	ハノーファー(GER)
	22	吉田麻也	サウサンプトン(ENG)
MF	7	遠藤保仁	ガンバ大阪
	8	清武弘嗣	ニュルンベルク(GER)
	14	青山敏弘	サンフレッチェ広島
	16	山口　蛍	セレッソ大阪
	17	長谷部誠	ニュルンベルク(GER)
FW	4	本田圭佑	ミラン(ITA)
	9	岡崎慎司	マインツ(GER)
	10	香川真司	マンチェスター・U(ENG)
	11	柿谷曜一朗	セレッソ大阪
	13	大久保嘉人	川崎フロンターレ
	18	大迫勇也	1860ミュンヘン(GER)
	20	齋藤　学	横浜F・マリノス
監督		アルベルト・ザッケローニ	

RESULT

■ ブラジルW杯

• 2014年6月14日(GS@レシフェ)

日本 1－2 コートジボワール

得点:(日)本田圭佑
(コ)ボニー、シルビーニョ

• 2014年6月19日(GS@ナタル)

日本 0－0 ギリシャ

• 2014年6月24日(GS@クイアバ)

日本 1－4 コロンビア

得点:(日)岡崎慎司
(コ)クアドラード、ジャクソン・マルティネス2、ハメス・ロドリゲス

日本に対するリスペクトを感じる仕事ぶり

武智　2度目のワールドカップ（以下、W杯）を戦うことになって、岡田武史さんは日本代表の過去のW杯のプレー集を選手に見せたらしいです。みんな日本の敗因を監督の采配を含めて戦術がどうだったから、こうだったからと言うけれど、そんなことだけでやられているわけじゃないと。ここでもう一歩、ここにいる選手が相手に寄せていたらクロスを上げられなかった、シュートを打たれることもなかった、あるいはブロックすることができていたと。「ここで少しくらい俺はさぼってもいいか、なんて了見の選手が一人でもピッチにいたら、勝てるものも勝てない」と語りかけたそうですよ。

山本　岡田さんがよく口にする「勝利の神は細部に宿る」というやつですよね。

武智　岡田さんが最初に率いたフランス大会のチームには、地面に転がっているボールを相手が蹴ろうとしているのに、転倒している状態から這いつくばりながら頭でクリアしようとする選手がいました。岡田さんのチームは、そういう戦う姿勢は常に旺盛にあるんですよね。それがどんな強豪を相手にしても接戦に持ち込める理由だと思っています。「俺のチームはそれだけやないぞ」と岡田さんに怒られるかもしれませんが。

山本　日本人の監督だから日本人の誇りとか献身性のようなものを選手から極限まで引き出せるのではないかと思います。ピッチに監督の求めるものが出ているんですよ。それを最低限やった上でないと勝てないのがW杯ですからね。

武智　岡田監督のもとで臨んだ南アフリカ大会はラウンド16に進出し、パラグアイにPK負けしてベスト8を逃しました。その先を目指す4年間が始まり、舵取り役にはイタリア人のアルベルト・ザッケローニ監督が就きました。ACミランでイタリア1部リーグのセリエAに優勝したことがあるとか、いわゆるカテナチオ（イタリア伝統の守備を固めて逆襲速攻を狙う戦法）ではなく、イタリア人指導者とは思えない攻撃的な3－4－3システムを志向するとか、そういう断片的な情報は知っていました。

でも、ナショナルチームの指揮を執るのは初めてなので「やってみないとわからない」というのが就任時の率直な感想でした。どういう方向に行くのか、お手並拝見的な感じでしたね。

山本　ザックさんが仕事を始めて、私が「これはいい」と感じたのは、彼が日本のことを非常にリスペクトしてくれていることでした。

武智　そうなんです。実際に日本に来てみて、日本という国、文化、国民性、そして日本サッカーに対して、すごくポジティブな印象を持ち続けてくれた。その気持ちが仕事ぶりにもすごく表れていたように思います。上から頭ごなしに「だから日本の選手はダメなんだ」というアプローチでは全くなかったので。「こういう人が来てくれて良かった」と素直に思いました。日本の文化から何かを学びたい、吸収したいという気持ちをたくさん持っていた人でした。

山本　その一方で、ピッチ内の戦術指導は非常に厳格だったと人づてに聞きました。守備のノウハウとか、コンセプトとか、選手の立ち位置とか、ボールに対する体の向きとか、そういうことに対するこだわりは「守備の大国」イタリアから来た人だけあって、やはりすごく細かいと。

武智　そういう細部にこだわりつつ、南アフリカ大会から積み残した課題である攻撃のところをいかにパワーアップしていくか。そこにチームは取り組んでいきました。見ている側からするとチームづくりは順調に見えました。2011年のアジアカップで優勝し、その後のテストマッチもアウェーで強豪国と好勝負を演じています。親善試合とはいえ、2012年にはサンドゥニでフランスを破り（2012年10月12日、1－0）、W杯出場を決めた後も、2013年10月の東欧遠征は2連敗（11日：セルビア0－2／15日：ベラルーシ0－1）して心配させましたが、11月にオランダと引き分け、ベルギーには打ち勝った（16日：2－2／19日：3－2）。そのことで本大会への期待が大きく膨らみましたよね。ザックさんは、本大会を除くと本当に期待以上の仕事をしてくれたと思います。その本大会の成績が一番大事なところなんですけれど。

山本　２０１０年の南アのW杯での活躍により、日本代表は海外組が増えていきました。２０１１年のアジアカップではチェゼーナ所属だった長友が移籍期限ギリギリのタイミングでインテル・ミラノに移籍したと記憶しています。確か、決勝の２日後の1月31日のことだったと思います。あの大会の日本は自信に満ちていたし、移籍市場で注目される存在になってきていることを選手たちも自覚していて、ポジティブな空気が満ちていました。

武智　アジアカップの道中はいろんなことがありましたもんね。初戦のヨルダン戦は吉田麻也の同点ゴールで追いついたのが92分でした。続くシリア戦ではＧＫの川島永嗣が退場になりました。準々決勝のカタール戦で伊野波雅彦の決勝点が決まったのは90分、準決勝の韓国戦は２－２からのＰＫ戦、決勝のオーストラリア戦の李忠成の決勝点が決まったのは延長の１０９分ですから。日本に厳しい判定もありましたし。でも、そうやって艱難《かんなん》辛苦を乗り越えてアジア・チャンピオンになったことで、南ア大会の余韻もあって、代表人気がより一層盛り上がる感じになりました。

山本　これは外国人監督を招へいする価値の一つでもあるのですが、代表選手の海外移籍の道が広がる側面がある。イタリアのクラブが日本の代表選手に興味を持ったときに、ザッケローニさんに電話してくるわけです。「この選手は、どんなパーソナリティーの持ち主なんだと?」と。

武智　なるほど。

山本　トルシエ監督の時代も、フランスのクラブがたくさん電話をかけてきた。コンフェデレーションズカップの試合が新潟であったときには、代表の宿舎に当時アーセナルの監督だったアーセン・ベンゲルさんが訪ねてきました。「稲本(潤一)はどんな性格なんだ?」とトルさんを質問攻めにするわけです。同席していた私が「彼はガンバ大阪ユース出身で」みたいな感じでプロフィールを説明する。トルさんが「イナならプレミアリーグで通用する」と太鼓判を押し、その後に稲本はアーセナルに移籍することになりましたからね。やっぱり、直接指導している監督の言葉は信頼性が高いんだと思うんですよね。ザックさんのところにも、きっとそういう話が来ていたんだと思います。長友のインテル行きはチェゼーナでの活躍がもちろん一番の理由でしょうが、ザックさんの後押しもあったのかもしれませんよね。ザックさんからすれば、長友がインテルのようなビッグクラブでプレーすることでさらに成長し、それを代表に還元してくれたら、それに越したことはないですから。

武智　本田圭佑のロシアからイタリアのACミランへの移籍もそうですよね。ザックさんはACミランの監督だったわけですから。ミランの関係者から「ホンダをどう思う?」「いや、私が今乗っているのは協会が用意したアウディだからホンダのことはよく分からない」みたいな会話は当然あったでしょうね。

山本　……。

武智　すみません。

山本　これは現在にも通じる話だと思いますが、代表は年間数十日しか集まれない。その中で、どうやって個々の選手を成長させるかといったら、その選手がトップのクラブで日々をどう過ごすかにかかっている。チャンピオンズリーグに出るとか、そういう刺激を日常的に受ければ、当然、伸びていきますよね。そういうクラブへの移籍の可能性を広げるのは、名の通った外国人監督招へいのメリットの一つですよね。ただし、今は当時よりも世界にパイプを持つ代理人が増えている。問い合わせの窓口は増えているわけなので、外国人監督に頼らなくて済む場面も増えていると思います。

武智　そういうことも含めて、代表の指揮を力のある外国人監督に任せるメリットは有形無形いろいろあるわけですが、ザックさんの仕事ぶりで本当に悔やまれるのは最後の最後、ブラジルのW杯だけ結果が出なかったことです。正直、ザックさんの問題はそれだけだったと思っています。

山本　初戦のコートジボワール戦は本田のゴールで先制しながら後半に逆転負け。続くギリシャ戦は相手に退場者が出て、10人になる展開になりながら0－0の引き分け。そして最後のコロンビア戦は後半から投入されたエースのハメス・ロドリゲスに振り回されて1－4の完敗。ベスト16になった南アのメンバーの主力がたくさん残り、大いに期待されていただけに本当に残念でした。

40キロ地点までいい走りをしていたが…

武智　結果論になってしまいますが、ザックさんは代表のベースキャンプにサンパウロ郊外のイトゥという場所を選びましたよね。ブラジルらしからぬ冷涼な場所で。一方で日本の試合会場はレシフェにしてもナタル、クイアバにしても湿度が異様に高かったり、単純に暑かったりで、キャンプ地との落差は激しかった。おそらくザックさんの考えは、タフな日程の中で選手のコンディションを回復させて次の試合に向かうには、試合会場と気象条件は異なってでも快適な環境で選手を過ごさせる、リカバリーを優先させる方がいいと思ったのでしょう。

山本　優勝したドイツは異なるアプローチを取りましたね。ドイツは試合をやる場所と同じ、暑いところでキャンプを張って、試合に入っていくやり方でした。

武智　どちらがいいのかという選択肢の中でザックさんは前者を選んだ。それがやっぱり裏目に出てしまったような気がします。そもそも大会前に鹿児島県の指宿で代表選手を集めて行った第1次キャンプから、かなりハードなフィジカルトレーニングを課したものだから、選手を追い込みすぎていると心配する声がコーチから出ていました。結果からすると、ピーキングに失敗した気がどうしてもしますね。

山本　クラブのピーキングならそれで良かったのかもしれません。クラブが戦うリーグ戦なら最初は体が重くても、シーズンが進むにつれて右肩上がりでコンディションは上がっていきますから。中断期間があれば、そこでまたキャンプをするなどして、後半戦に向かって仕切り直しもできる。でも、それは4、5カ月のスパンで戦うための準備であって、W杯用の準備ではない。W杯はわずか1カ月の間に最大7試合を戦う舞台です。しかも、日本のような立場のチームはグループステージの最初の3試合が極めて重要になる。そう考えていくと、ブラジル大会の準備のやり方は失敗だったと思います。

武智　ドイツやブラジル、アルゼンチンといった優勝を狙える大国と、グループステージ突破にまず命懸けという日本ではピークの作り方が違って当然ということですよね。ただ、あのチームは監督も選手も本気で上の方を目指していたので、ピークのつくり方も違う発想でやっていたのかもしれませんね。それにしても初戦でコートジボワールと戦ったレシフェは湿気がすごかったですよね。

山本　大会前年にコンフェデレーションズカップで訪れたときに、生活するのも厳しいと感じるほどでした。湿気がすごくて、蒸し暑い。

武智　赤道がすぐ近く。熱帯モンスーン気候で6月の平均湿度は80%を超えるような場所でした。

山本　でも、当初は日本にとってその気候は有利なんじゃないかと思っていました。そういうサウナ風呂のような場所で試合をすることに日本と違って、海外のチームは慣れていませんから。

武智　前年のコンフェデ杯のときはレシフェでイタリアと2戦目に戦って、3－4の壮絶な点の取り合いを演じました。あのとき、イタリアより日本の選手の方が動けている気が確かにしました。

山本　ギリシャと対戦した2戦目のナタルも暑い場所でした。ブラジル大会の会場の中でもこの2会場は特に暑いところ。でも日本のキャンプ地は涼しいイトゥだった。これが逆だったらいいいんですよ。暑いキャンプ地から涼しいところに移動して試合をするなら。

武智　キャンプ地の選定にはいろんな項目があると思うんです。ロケーションとか部屋の様子とか、トレーニング施設、試合会場との移動距離、騒音の有無、挙げればキリが無いくらい。そういう条件をすべて満たす場所なんかなくて、あったとしてもサッカー大国が資金力にものを言わせて先に押さえてしまったりするんでしょう？　だから妥協する部分は当然あるとは思うんですけどね。その中で何を優先基準にするかといったら、試合に勝つことから逆算するしかないんでしょうけど……。想像ですけど、イトゥは試合会場との気象条件の違い以外のところでは、かなり高得点の場所だったのではないでしょうか。ただ、そのことで見落とされた部分もあった。

山本　サッカーに例えるなら、セットプレーの守りと一緒で完璧はないんです。完璧な守り方があれば、みんな失点しないわけですから。それがあり得ないから常に試行錯誤し、こうやればこういうメリットがあるけど、こういうリスクも一方で存在するよと考える。そこで秤《はかり》にかけるわけですね。完璧な守り方はない以上、そこでどれだけいろいろな可能性やリスクを考えられるかが重要なんです。

武智　はい。

山本　ザックさんの在任4年間をマラソンに例えるなら40キロ地点まですごくいい走りをしていたと思います。強いチームをつくる方法をわかっていた人で、サッカーの本質を深く理解し、選手がどういうところでプレーできるかという基準もはっきりしている人だった。でも、最後の2・195キロのところで、W杯を知らなかったという部分が出てしまったように感じます。

武智　川島、長谷部、吉田、本田、内田、長友、遠藤、岡崎、香川……。キャラの立った濃いメンバーがそろって人気もあったから、最後の2・195キロで失敗したのは本当に残念です。ちゃんとフィニッシュしてナンボ、という監督業の難しさ、厳しさも感じます。

山本　カタール大会に臨むにあたって、森保監督がすでにロシア大会を経験していたのは、そういう意味では大きかったと思います。究極のプレッシャーがかかることを知っていたから。初戦のロッカールームで、普段、陽気な選手が黙りこくってしまったりとか、隣の風呂場に行って緊張から体中を叩きまくって真っ赤になっている選手がいるとか。そういう選手が何人も出てくるのがW杯なんです。

武智　これは蛇足なんですけど、ザックさんはACミランというクラブの監督をやっていた経験があるから、ある意味で、オーナー主義みたいなものに従順な人だと感じるんです。ミラン時代で言えば、（シルヴィオ・）ベルルスコーニがいてのザックさんなんですよ。

山本　はい、はい。

武智　ベルルスコーニというのは一代でメディア王国と巨万の富を築き、ミランのオーナーになり、後には「フォルツア・イタリア」という政党をつくって首相にまでなった人物ですよ。イタリアのサッカー界には古式ゆかしきというか、「カネも出すが口も出す、口はカネの2倍出す」みたいなオーナーが多いじゃないですか。所有と経営の分離？　そんなこと、知ったこっちゃない、みたいな。そういうシステムの中で長く働いてきたザックさんは、たとえ雇い主がむちゃぶりをしてきても、それを前提に仕事を進める人だったような気がするんです。トルシエさんみたいに机をひっくり返して徹底抗戦して自分の主張を押し通すような人ではなかった。ある意味、ザックさんは日本人のことをわかりすぎていて、どこか忖度するところもあったんじゃないか。そんな気もするですよね。

代表とクラブのマネジメントは違う

山本　振り返れば、２００６年、２０１４年とグループステージで敗退したケースではキャンプ地の選び方に、もう少しの配慮がほしかった気がします。大会中、最も多くの時間を過ごす場所なわけですから、そこはしっかり考えないといけなかった。結果論になりますが、問題は選手が力を出し切れたかどうかで、もっとできたんじゃないかと後悔するような状況にしないために、何を準備すべきかを考え抜き、実行しないといけない。最低限、そこをやった上で、さらにピッチの中の対策をどう立てていくか。ブラジル大会初戦のコートジボワール戦で、向こうは切り札の（ディディエ・）ドログバが61分から出てきた。その対策はできていたのかどうか。ドログバが出てきて数分で試合の流れを完全に相手に持っていかれましたよね。

2分後に同点にされ、さらに2分後に勝ち越された。2戦目のギリシャ戦にしても、私はテレビの解説を担当していたのですが、11人対11人のときには大久保嘉人が裏を突けていたし、得点の可能性を感じられたけれど、37分にカツラニスの退場で10人になったギリシャがディフェンシブサードに閉じこもる状況になると、攻め切れなくなりました。「日本は一人多いですが、かえって難しくなるかもしれない」と話したら、その通りになり、0－0のまま終わりました。

武智　ギリシャは、守るとなると守れてしまうチームですからね。2004年のユーロ（欧州選手権）で優勝したときがそうでした。

山本　11対11でも11対10でも相手のゴール前の人数は変わらないですからね。その上で相手の守備意識が高まるわけで、試合が難しくなってしまった。1人多い日本が、走らされることになりましたから。そこでザックさんに策があったかというと、残念ながら見られなかった。セットプレーや極端に相手にボールを持たせて自陣に引き込んでから攻めに転じる戦術とか、何か手を打ってほしかった。でも、それができなかった。岡田ジャパンから進化して、点を取るということを強化してきたはずなのに、初戦を落として臨んだギリシャ戦でそれを見せられなかった。

1シーズンを通して戦うクラブのリーグ戦なら、ダメな試合もいくつかあるわけです。でも後で取り返せばいい。トータルで結果を出せたら優勝だってできる。でも、W杯はそうではありません。1試合の重みが違う。常に結果を出さなければいけない。そういう意味でザックさんがW杯仕様の戦い方を見せられたとは言い難い。キャンプ地選びもそうですが、この点も結果を出せなかった一因になったと感じます。

武智　たぶん相当、チームに対する自信はあったんだと思います。普段どおりにノーマルにやれば、今の日本なら点も取れるし勝ち進んでいけるという。だから、ある意味で僕らよりもザックさんが一番驚いたのかもしれません。「どうしたんだ、みんな」みたいな感じで。

山本　選手は持てる力をその中で出していましたよ。内田篤人が高い位置をとってペナルティーエリアに進入していったり、みんな、アグレッシブな姿勢を示していた。11人対11人の時に点を取れていたら、当然、違う展開になっていたでしょう。しかし一人少なくなったギリシャが勝ち点1でOKと割り切った後は完全に相手の策にはまってしまいました。結局、3戦目でコートジボワールに勝ったギリシャは2位でラウンド16に進み、日本は最下位で敗退です。

武智　細かい部分を見ていけば、いろんな要因があると思いますが、私の個人的な思いを言うと、この大会、あまり遠藤保仁を使えなかったのは痛かったと思います。ザックジャパンの信頼感は遠藤、長谷部というタイプの異なるダブルボランチの仕事ぶりと密接に絡んでいたと思うんです。その2人がコンディションの問題があり、また山口蛍の成長もあり、長谷部と遠藤が互いの交代要員のようになっていきました。山口や前年のE－1選手権で台頭してきた柿谷曜一朗は日本代表に層の厚さをもたらしてくれる存在であり、頼もしく感じていました。でも、この大会に限っていえば、力を出し切れた感じがしませんでした。

山本　コンディショニング、ピーキングの難しさ、いろいろあると思いますが、初めてのW杯で最初からすべての力を出し切るのは大変ですよ。

武智　山本さんが先ほどポイントとして挙げた2戦目について言えば、私はギリシャは、それほど複雑なことを考えてなかったと思っているんです。初戦でコロンビアに0－3で負けたから、日本との2戦目は絶対に勝ち点が欲しかった。でも10人になった瞬間に「引き分けでいい。最低でも勝ち点1を取ろう」とすぐに切り替えた。2連敗したら本当に終わりですからね。結果、最終戦を前にした順位は1位がコートジボワールに勝って2連勝した勝ち点6のコロンビア。早々とラウンド16進出を決めました。2位は1勝1敗で勝ち点3のコートジボワールで得点は3、失点も3。日本、ギリシャはともに勝ち点1で、得失点差でマイナス1の日本が3位、マイナス3のギリシャが4位という並びでした。

山本　そうでした。日本がグループステージを突破するには最終戦でコロンビアを下して勝ち点を4に伸ばすことが最低条件。その上でギリシャ対コートジボワールが引き分けに終わり、コートジボワールと日本が勝ち点4で並んだけれど得失点差で日本が上回るとか、ギリシャが勝って日本と勝ち点4で並んだけれど、得失点差で日本が上回ったという状況をつくる必要があるとされました。

武智　そういう状況になったとき、どうもわれわれは「得失点差なんかどうでもいいよ。勝ち点3だけ取って、後は神の手に委ねようぜ」という発想にはならないですよね。

山本　そうですね。

武智　私にはそれがどうにも欲張りすぎに思えるんです。誰が悪いというのではなく、国民性なんですかね……。こういうときに「自力」ということに異様にこだわりませんか？　野球の優勝のマジックでも、えらい早い段階から「マジックが点灯した」とか「自力優勝が消滅した」とかなんとか、騒ぐのが好きですよね。

山本　ブラジル大会のケースでいえば、ラウンド16に勝ち進む可能性を少しでも上げるために、最終戦でコートジボワールがギリシャと引き分けて勝ち点4で並んだときに得失点差をひっくり返しておく必要がある。そのためには2点差以上つけて勝つ必要があると考えますね。

武智　最終的にこのグループから2位で勝ち上がるのは、コートジボワールに2－1で勝ったギリシャでした。勝ち点4、得点2、失点4のマイナス2です。日本がもしコロンビアに1－0で勝っていたら、2位になったのは日本でした。勝ち点4、得点2、失点2のプラマイ0で。結局、何が言いたいのかというと、勝利と得失点差の改善という二兎を追うことが、あのとき、本当に最上の策だったのか？　ということです。もともとコートジボワールに勝たれたら日本に上に行く目は無いわけだから、最終戦を前にして自力突破の可能性は低いんですよ。だったら得失点差なんかは「時の運」と諦めて、勝ち点3だけを取ることに集中した方が良かったんじゃないかと。最終的に2位の座を棚ぼた式にでも手に入れたギリシャの方がよほど「大人」というか「リアル」な感じがしませんか、ということです。

山本　なかなかその割り切りは難しいかもしれませんね。

武智　コロンビアはすでに1位突破を決めていました。実際、日本戦はメンバーを落としてきました。極端なことをいえば、負けてもよい状況でした。そんな寝た子をむりやり起こす必要がありますか？　ザックさんはイタリア人でしょ。イタリアって、1982年のスペイン大会のグループリーグを3引き分けで2位突破しています。3位カメルーンも3引き分けで勝ち点でも得失点差でも並ばれたのですが、総得点で1上回ってイタリアは2次リーグに進出しました。そこからアルゼンチン、ブラジル、ポーランド、ドイツを破って優勝したんですよ。

山本　イタリアの常とう手段ですよね。

武智　そうなんです。岡野俊一郎さん（元日本サッカー協会会長）に言わせると「イタリアはいつもこんな感じです」となるんですが（笑）。だから、ザックさんも本来はそういうことを考えられる人だと思うのですが、そうはしなかった。

山本　われわれは変なところで一生懸命になりがちというか、棚からぼた餅的なことを受け入れられないところはありますね。イタリア人はそうじゃないというのもよくわかります。

武智　複数ゴールを狙って激しく行くからコロンビアも激しく応戦するわけでね。やる気があるのかないのか分からないくらいの試合をして、後半ぽろっとゴールを決めてそのまま逃げ切る。終わってみたら2位突破。そんなイタリアみたいな真似ができていたら、それはそれで深かったと思うんですよね。まあ、イタリアやギリシャには歴史に裏打ちされた「守備の文化」がありますから、そういう立ち居振る舞いができるのでしょうが。

山本　結果オーライというか、勝ち上がりさえすれば、すべてが許されるみたいなね。

武智　監督の評価って、だから難しいと思うんですよね。ザックさんの場合、山本さんが言うところの40キロまではちゃんと走れていたじゃないか、というのがある。W杯のところだけを切り取って「あの人はダメだった」と結論づけるのは、フェアじゃない気がどうしてもする。最後の2・195キロだけを見て、それまでの40キロの努力を切り捨てるみたいなことでいいのか、W杯の結果から監督の仕事を全肯定したり、逆に全否定していたのでは何も見えてこない、そんなふうに思うんですね。それぞれの監督に良さも悪さもありながら、では次はどんな監督がいいのか、と進んでいくことが大切な気がするんですね。W杯のグループステージで負けたという結果があると、何を言っても色褪《いろあ》せてしまうのは承知していますけど。

山本　2011年のアジアカップで優勝し、13年のコンフェデレーションズカップではブラジルに完敗しましたが、イタリアやメキシコと互角に戦って、夢は広がりましたよね。ザックさんは選手個々にポジション取りや体の向きとか、サッカーをより深く細かく教えてくれたところはあったと思います。

選手が自由にサッカーを語った4年間

武智　ザックさんの時代は選手に脚光が当たりました。ザックさんもそのことについて何の抵抗もない人でした。それもあって、２０１０年から２０１４年の日本代表はすごく輝いて見えた気もするんです。本田圭佑を筆頭に選手たちのキャラがすごく立っていた。だから試合後のミックスゾーンと呼ばれる場所での選手の発言も取材していて楽しかった。本田は本田で好きに語り、長谷部も遠藤も吉田も長友も内田も岡崎もそれぞれの視点でサッカーを自由に語る。選手一人ひとりに発信力があったから、チームとして世に問いかける力もすごくあったと思います。メディアにサッカーの情報がどんどん出て、チームもアジアで勝つ、フランスに勝つとか結果を出す。そうやって日本サッカーがグイグイと成長している感じがものすごくあった。もし、監督が

「どうしてあいつはあんなに目立っているんだ」とか「チームのことをぺらぺら話すな」とか、神経質な人だったら、そういうオープンな雰囲気にはなっていなかったのではないでしょうか。

山本 それでいて自由放任というわけではなく、ディシプリンはありましたよね。

武智 選手の話を聞いていて、時々、「あなたが監督なの?」と思うこともあったくらいです(笑)。

山本 誰のことか、目に浮かぶようです(笑)。

武智 それくらい、みんな、当事者意識が旺盛だった。自分をチームの部品というかパーツのように思っていなくて、自分たちでチームを動かしている、というくらいの感じがありました。それだけの経験を積んだ選手が増えていた、ということなんでしょうね。まあ、それはオーバーランになるリスクと裏表ではあるんですが。

山本 イタリアのセリエAの優勝監督ですからね。監督としてのマネジメントはきちんと心得ている。どこまでそういうことを許容していいか、ちゃんと分かっていたんだと思いますよ。監督と選手、選手同士がぶつかるなんてことは一流同士なら当たり前で、むしろぶつからしておいたらチーム内のいろんなものが見えて、化学反応も起きるからいいわけですよ。でも、これは一線を踏み越えたなと思ったら、そこは指導に入る。そのあたりはおそらく、うまくできていたんじゃないですか。トルシエ監督だったら、それでメンバーから即、外しちゃう可能性もありますからね。代表監督は実はメディアに出る情報を詳細に見ています。それも重要な仕事の一つですからね、チームをマネジメントしていく上で。仕えてもいない私が言うのもなんですが、人柄ということで言えば、ザックさんは素晴らしい人だったんだと思いますよ。

武智　南アフリカ大会の日本のプレーにかなり好感を持っていたらしいです。そこへオファーが届き、日本に来ることになった。当時、57歳でクラブの仕事はキツくなってきたこともあったと思います。そういう点でタイミングが合って、来日した。

山本　クラブを率いる監督の仕事は、毎日グラウンドに出て、情熱をすり減らしていくみたいなものですから肉体的にキツくなってくる年齢というものがある。一方、代表監督は肩にのしかかるプレッシャーは巨大ですが、仕事の頻度としては年配の指導者には、ちょうどいいのかもしれない。

武智　逆に若い監督が代表チームを率いるのは大変というか、物足りないかもしれないですね。若い監督はむしろ、そういう日々の現場の刺激が欲しくて、欲しくて、毎日ウズウズしているわけですから。代表に若くて優秀な監督を連れてこいという意見がありますが、そもそも、本人の欲求と仕事の内容がマッチしないでしょう。

山本　若い指導者は日々、現場で指導したいと思うものです。しかも、世界的に見れば、クラブの監督の方が報酬もいいわけですから。

武智　バイエルンを率いたユリアン・ナーゲルスマン（35歳）のような監督を連れてきたくても、そういう有能な人は普通はクラブで仕事したいわけですからね。クラブの方も絶対に放さないですし。

山本　現実的ではないですよね。

武智　若く優秀な監督を海外から連れてくるのは絶対に無理だと言っているわけでは

ないですけどね。プロのクラブの監督の椅子の数にも限りがあるわけですし、次から次へと有能な人材も出てきますから、その椅子取りゲームからあぶれる人も当然出てくるわけですよね。そういう人が、タイミングが合って、日本に来る可能性はなくはない。日本代表の躍進と日本の選手の欧州での活躍によって、日本サッカーのレベル、Jリーグのレベルを見直す機運は今後さらに高まるでしょうし。そうすると、日本で働くことを「都落ち」みたいにとらえずに、ステップアップのプロセスとして前向きな態度で来てくれる指導者は増えるかもしれない。

山本 オーストラリアの代表監督から横浜F・マリノスを経由してセルティックの監督になり、次はイングランド・プレミアリーグの監督か、と噂されているアンジェ・ポステコグルーみたいな人もいますしね。

武智 アンジェみたいな例は今後続く可能性があると思います。でも、そういう人って、かつてのベンゲルさんもそうでしたけど、優秀であればあるほど、欧州のクラブに呼び戻されますよね。本人たちも、いつかまたヨーロッパで監督をやるチャンスを

ザッケローニ監督はチームを成長させるも、本大会で結果を出せず。
グループステージ敗退となった

狙っているわけですから。そうやって考えると、代表監督と外国人指導者のマッチングというのは決して簡単なものじゃないと思うんですね。

山本　クラブチームと代表チームでは監督に求められるもの、マネジメントも大きく異なりますからね。それをよく知っているのがドイツです。あの国は代表監督をころころ変えたりしません。06年のドイツ大会で3位になった後、監督をユルゲン・クリンスマンからアシスタントコーチだったヨアヒム・レーブに代えました。そのレーブは10年南アフリカ、14年ブラジル、18年ロシアと3つのワールドカップ、08年、12年、16年、20年と4つのユーロを戦った。その後を継いだのはレーブのアシスタントを長く務めた経験のあるハンス・ディーター・フリックでした。W杯がどういう戦いかを知っていて、選手のこともよく知っていて、コミュニケーションに問題もない。そういうバトンの渡し方をするわけですね。

武智　別の言い方をすると、代表監督を内製化するようなイメージだと思うんですよ、ドイツは。内側でつくる。アウトソーシングするんじゃなくて、継続的に任せるに足る人物を発掘し育てていき、仕事に就かせている感じですよね。いずれ、還暦を過ぎた（ユルゲン・）クロップがリバプールでの仕事に疲れ果て、待望論とともにドイツ代表監督になるなんてこともありうると思いますが、基本的には内製化路線を続けていく気がします。

山本　イングランドも、U－21代表監督からA代表を率いるようになったガレス・サウスゲート現監督のステップアップの仕方を見ていると、ドイツと同じように監督の内製化という方向に進んでいるように思います。

武智　それはごく自然なことだと思うんですね。日本だって、これから元プロ選手で元日本代表でW杯の舞台にも立ったことがあるという人材が、指導の世界に確実に入ってきますよね。そこには欧州のプレー経験があって、なんなら欧州で指導者ライセンスを取得したという人材も出てきますよね。

山本　長谷部誠なんかはまさにそうでしょう。

武智　そういう人の中から欧州でトップチームのコーチ、監督になるような人材も出てくるかもしれない。そう考えると、頼もしくないですか？　引退後、何をするかは人それぞれの人生観によりますし、指導者の道を志す人のすべてが代表監督を目指すわけではないと思います。でも、代表監督になる可能性を持った人材のプールが今より大きく豊かなものになるのは間違いないと思うんです。そして、いずれ、日本人の代表監督を優秀な外国人コーチが支えるというようなこれまでとは逆の形が生まれる予感さえ持っています。

山本　未来は明るいと私は思いますよ。

第9章

ハビエル・アギーレ
ヴァイッド・ハリルホジッチ

〜八百長疑惑と関係崩壊で
2度起きた監督交代〜

在任期間

2014年7月－2015年2月

主な大会の成績

アジアカップ・ベスト8（15年）

就任背景

欧州トップリーグでの指導経験とW杯での経験を求めたＪＦＡの基準を満たす指導者。メキシコ代表の選手として1度、コーチとして1度、監督として2度W杯に臨み、スペインのクラブで長く指揮を執った。

事績

のちに代表の主軸となるタレントを初招集するなど選手層の拡充に貢献。手堅くオーソドックスなスタイルを求めながらも、状況に応じたプレーを選択できるようにチーム作りを進めたが、志なかばで退任した。

ハビエル・アギーレ

本名はハビエル・アギーレ・オナインディア（Javier Aguirre Onaindía）。1958年12月1日生まれ、メキシコ出身。現役時代にメキシコ代表として86年のW杯に出場。引退後、94年のW杯で代表コーチを務め、95年からは国内クラブで指揮を執る。01年に予選で不振に喘ぐメキシコ代表の監督に就任すると、チームを02年W杯に導いた。その後、スペインのオサスナやアトレティコ・マドリードを指揮し、09年に再び苦しむメキシコ代表の監督に就任して10年W杯出場を果たす。サラゴサ、エスパニョールの監督を経て14年7月に日本代表監督に就任した。15年2月にサラゴサ監督時代の八百長疑惑を理由に契約解除となった。その後はアルワフダ、エジプト代表、レガネス、モンテレイ、マジョルカを率いている。

2015　アジアカップメンバー

Pos.	No.	名前	所属(当時)
GK	1	川島永嗣	スタンダール(BEL)
	12	西川周作	浦和レッズ
	23	東口順昭	ガンバ大阪
DF	2	植田直通	鹿島アントラーズ
	3	太田宏介	FC東京
	5	長友佑都	インテル(ITA)
	6	森重真人	FC東京
	16	塩谷　司	サンフレッチェ広島
	19	昌子　源	鹿島アントラーズ
	21	酒井高徳	シュツットガルト(GER)
	22	吉田麻也	サウサンプトン(ENG)
MF	7	遠藤保仁	ガンバ大阪
	8	清武弘嗣	ハノーファー(GER)
	10	香川真司	ドルトムント(GER)
	15	今野泰幸	ガンバ大阪
	17	長谷部誠	フランクフルト(GER)
	20	柴崎　岳	鹿島アントラーズ
FW	4	本田圭佑	ミラン(ITA)
	9	岡崎慎司	マインツ(GER)
	11	豊田陽平	サガン鳥栖
	13	小林　悠	川崎フロンターレ
	14	武藤嘉紀	FC東京
	18	乾　貴士	フランクフルト(GER)
監督		ハビエル・アギーレ	

RESULT

■ アジアカップ

- 2015年1月12日(GS@ニューカッスル)
  日本 4-0 パレスチナ
  得点:(日)遠藤保仁、岡崎慎司、
  本田圭佑、吉田麻也
- 2015年1月16日(GS@ブリスベン)
  日本 1-0 イラク
  得点:(日)本田圭佑
- 2015年1月20日(GS@メルボルン)
  日本 2-0 ヨルダン
  得点:(日)本田圭佑、香川真司
- 2015年1月23日(準々決勝@シドニー)
  日本 1-1(4PK5) UAE
  得点:(日)柴崎岳
  (U)マブフート

在任期間

2015年３月－2018年４月

主な大会の成績

ロシアW杯・アジア最終予選を1位通過(17年)

就任背景

アギーレ監督の解約解除に伴い、就任。ＪＦＡはアギーレ就任時と同様の基準で、豊富な指導経験とブラジルW杯でアルジェリアを率いて同大会の優勝国ドイツと好勝負を演じた実績を評価した。

事績

縦に速い攻撃を信条とし、国際試合で勝つために選手にデュエルの強化を促した。しかし徹底した管理の下、選手との関係が悪化。風通しの悪い状況を招き、契約解除に至った。

ヴァイッド・ハリルホジッチ

Vahid Halilhodzic。1952年５月15日生まれ、国籍はボスニア・ヘルツェゴビナおよびフランス。現役時代はＦＷで旧ユーゴスラビア代表として82年W杯に出場。指導者としては97年、モロッコのラジャ・カサブランカをアフリカ王者にチームを導き、注目を集める。フランスのリール、レンヌ、パリ・サンジェルマンなどを率いた。代表チームもコートジボワールの監督として10年W杯出場権を得たが、直後のアフリカ選手権敗退の責任と取る形で解任。アルジェリアの監督としては14年W杯に出場し、ラウンド16進出に導いた。日本代表は15年３月から指揮を執り、予選１位で18年W杯の出場を獲得。しかし選手との関係が悪化し、大会２カ月前に解任された。22年のカタールW杯もモロッコ代表で出場権を得ながら直前に解任されている。

2017　アジア最終予選豪州戦メンバー

Pos.	No.	名前	所属（当時）
GK	1	川島永嗣	メス(FRA)
	12	東口順昭	ガンバ大阪
	23	中村航輔	柏レイソル
DF	3	昌子　源	鹿島アントラーズ
	5	長友佑都	インテル(ITA)
	6	三浦弦太	ガンバ大阪
	19	酒井宏樹	マルセイユ(FRA)
	20	槙野智章	浦和レッズ
	21	酒井高徳	シュツットガルト(GER)
	22	吉田麻也	サウサンプトン(ENG)
	–	植田直通	鹿島アントラーズ
MF	2	井手口陽介	ガンバ大阪
	7	柴崎　岳	ヘタフェ(ESP)
	10	香川真司	ドルトムント(GER)
	13	小林祐希	ヘーレンフェーン(NED)
	16	山口　蛍	セレッソ大阪
	17	長谷部誠	フランクフルト(GER)
	–	高萩洋次郎	FC東京
FW	4	本田圭佑	パチューカ(MEX)
	8	原口元気	ヘルタ・ベルリン(GER)
	9	岡崎慎司	レスターシティ(ENG)
	11	久保裕也	ヘント(BEL)
	14	乾　貴士	エイバル(ESP)
	15	大迫勇也	ケルン(GER)
	18	浅野拓磨	シュツットガルト(GER)
	–	武藤嘉紀	マインツ(GER)
	–	杉本健勇	セレッソ大阪
監督		ヴァイッド・ハリルホジッチ	

RESULT

■ロシアW杯アジア最終予選

- 2016年9月1日（@埼玉）
  日本 1–2 UAE
  得点：（日）本田圭佑
  （U）アハメド・ハリル2
- 2016年9月6日（@バンコク）
  日本 2–0 タイ
  得点：（日）原口元気、浅野拓磨
- 2016年10月6日（@埼玉）
  日本 2–1 イラン
  得点：（日）原口元気、山口蛍
  （イ）アブドゥルアミール
- 2016年10月11日（@メルボルン）
  日本 1–1 オーストラリア
  得点：（日）原口元気
  （オ）ミレ・イェディナク
- 2016年11月15日（@埼玉）
  日本 2–1 サウジアラビア
  得点：（日）清武弘嗣、原口元気
  （サ）オマル・ハウサウィ
- 2017年3月23日（@アルアイン）
  日本 2–0 UAE
  得点：（日）久保裕也、今野泰幸
- 2017年3月28日（@埼玉）
  日本 4–0 タイ
  得点：（日）香川真司、岡崎慎司、久保裕也、吉田麻也
- 2017年6月13日（@テヘラン）
  日本 1–1 イラク
  得点：（日）大迫勇也
  （イ）シルターク
- 2017年8月31日（@埼玉）
  日本 2–0 オーストラリア
  得点：（日）浅野拓磨、井手口陽介
- 2017年9月5日（@ジッダ）
  日本 0–1 サウジアラビア
  得点：（サ）アルムワッラド

食道楽の日本にやって来たメキシコ人監督

武智　２０１４年のブラジル・ワールドカップ（以下、W杯）を終えて、引き続き外国人監督に仕事を託す方針が継続されました。ザックさん（ザッケローニ）の次に監督に就任したのはメキシコ人で、選手としても監督としてもW杯を経験しているハビエル・アギーレさんでした。当時のＪＦＡ技術委員長だった原博実さん、委員の霜田正浩さんらが招へいした指導者でした。実際に練習を始めて、選手が躍動する様子を見ながら「いい監督が来てくれたな」と思っていました。

山本　よく言われることですが、メキシコの選手はヨーロッパの選手たちと比べて決して体は大きくない。それでも球際は厳しく、テクニックもあって、グループ戦術も整備されていてチームとして非常によく戦える。W杯の常連国であり、本大会でも確実にグループステージを突破し、日本が果たしていないベスト8にも2度進んだことがある。

武智　1970年と86年。どちらも自国開催のときですね。

山本　ええ。国内リーグは盛んだし、それだけの成績を継続して残せるのは選手の育成もうまくいっている証拠。それで体格の近い日本にとって、メキシコは見習うべきことが多い国だとずっと言われてきた。アギーレ監督はスペインのクラブで指揮を執った経験もあるからスペインとメキシコ、両方のサッカー事情に精通している。就任当初は、そういう背景や経験が買われ、日本代表を率いることになったんだなという認識でした。

武智　原さんや霜田さんにはメキシコへの親近感と同時に、2008年のユーロ（欧州選手権）、2010年のW杯、2012年のユーロとビッグイベントで勝ちまくるスペインのサッカーを手本にしたい考えもあったんだと思います。そこで山本さんがおっしゃった通り、スペインを知り、日本に近いとされるメキシコのサッカーをよく知るアギーレさんに白羽の矢が立った。これは行く末が楽しみだなあと思いました。

山本　印象的だったのは、代表歴のない選手を最初にたくさん呼んだことです。新任の外国人監督は新しいことをやりたがる傾向にあるものですが、「俺の目はこうだ」というところを見せたかったのかもしれない。オフトさんの後に就任したファルカン監督も新しい選手をたくさん招集しましたよね。

武智　ジーコさんの後のオシムさんもそうでした。２００６年ドイツ大会と14年ブラジル大会は日本が上位進出を狙って、意気込んで臨んだW杯でした。そしてどちらもグループステージ敗退。大きな敗戦の後は新しいことに着手して、ショックから目を覚まさせる必要があるんでしょうね。

山本　最初のうちはそれも良かったのですが、就任４試合目でブラジルとシンガポールで試合をして（２０１４年10月14日）、０－４で完敗しました。そのときはさすがに驚きましたね。

武智　スタメンで太田宏介、塩谷司、森岡亮太、田中順也、田口泰士ら新しい選手、代表歴の浅い選手が使われて、ネイマール１人に４ゴールも決められました。ブラジル相手にそんなメンバーでやる？　という驚きはありました。アギーレさんにとってはそうでもないのかもしれませんが、日本にとってブラジルはそうは簡単に試合が組めない相手なので。貴重な機会なのに「もったいない」という気持ちがどうしても湧きました。

山本　振り返ると、フランス料理、ブラジル料理、イタリア料理ときて、今度はメキシコ料理のコックさんが来た、という感じ。それはそれでいいのですが、どこかで日本人の口に合うのは、やっぱり日本食だよなという思いはありました（笑）。

武智　言われてみると、面白いですね。レストランのオーナーが付けた条件は「和の食材を使ってくれよ」という感じでしょうか（笑）。要は、どう料理しようが、おいしければいいので、それ自体が悪いことだとは言いませんが、代表監督という仕事を外国人監督に依頼するとき、その時々の流行りに影響されるところは多分にある感じはします。98年フランス大会でフランスが優勝した後にフランス人のトルシエさんが来て、2002年日韓大会でブラジルが優勝した後にブラジル人のジーコさんが来た。

山本　06年はイタリアが優勝したけれど、イタリア人の監督に頼まなかった。

武智　オシムさんは別格なので、この法則からは外れます（笑）。だから、2010年南ア大会でスペインが優勝した後、本当は技術委員会にしてみれば、スペイン人ないしはスペインの匂いがする人を監督に呼びたかったんじゃないのかな、という気はします。それがうまく行かず、一つ前の優勝国のイタリアのザックさんで落ち着いた。そういう意味では少し遠回りはしましたが、念願がある程度かなったのかもしれません。

山本　先ほど言った通り、メキシコの監督を呼ぶのはいいんですよ。日本が吸収すべきことはきっとたくさんあったと思いますし。ただ、監督選びに一貫性というか、何をコンセプトにこういう選び方をしているのか、わかりにくい面があった気はするんですね。

武智　遡《さかのぼ》っていくと、68年メキシコ五輪の銅メダルに貢献してくれたデットマール・クラマーさんはドイツ人でした。それから代表監督だけに絞ってもオランダ、ブラジル、フランス、ボスニア・ヘルツェゴビナ、イタリア、メキシコと来るわけですから、本当にいろんな国の〝料理〟を楽しんできたんだなあと思います。これって、ひょっとすると、日本人の食の趣味嗜好と関係あるのかもしれませんね。日本国内でフランス、ブラジル、スペイン、イタリア、メキシコ、どこの国の料理でも食べられますよね。好奇心旺盛というか食道楽というか。いろいろと味見したくなるんじゃないかと(笑)。

山本 日本サッカーが国際舞台に進出するようになったのは、Jリーグができた1993年以降のことだから、「隣の芝生は青く見える」的なところはあるかもしれない。

武智 「雇っているのはこちらだよ」というより「本場の人がわざわざ来てくれた」という意識はいまだにあるんでしょうね。同じ店舗なのに、4年ごとに外装や内装を変えて、フレンチやイタリアンの店にころころ変えるようでは節操がないと思わないではないですが、こういう外来のものを吸収しようという向学心が日本サッカーを前進させてきたという事実はあるとも思います。

山本　私の考え方はシンプルで、日本には多種多様な旬な素材があるのだから、その素材の良さを十分に引き出して調理してくれ、ということです。そう考えると、その良さを一番引き出せるのは、どこの国の誰なのか、ということになる。それが和食となったら……。

武智　日本の料理人だと、言いたいわけですよね（笑）。私はそこまでのこだわりはないんですが、食べたいのは「料理」ではなくて「うまい料理」だとは思っています。

山本　まさにポイントはそこで、まず日本人の口に合わないといけないわけですよね。試合を見ていて、共感が呼べないような戦い方をされても困るわけです。「2度と来ないよ、こんな店」では。

武智　歴代の代表監督もそのことは分かっていて、だから就任会見で「日本人に合ったサッカーを目指す」と外国人監督も言いますよね。オシムさんの「日本サッカーを日本化したい」という発言もその一つですよね。日本の選手の特性を熟知した上で、こうすればもっと良さを引き出せる、そのレシピにオシムさんは自信を持っていた。

アギーレから「デュエル」強調のハリルへ

山本　話をアギーレさんに戻しましょう。2015年にオーストラリアで開催されたアジアカップの日本はベスト8でアラブ首長国連邦（UAE）にPK戦の末に敗れました。あの大会はどう見ていましたか。

武智　オーソドックスというか、奇をてらうような戦い方をすることなく、前回王者として堂々と戦った印象でした。MFに遠藤保仁が戻っていい味を出していたし、柴崎岳のような新戦力もいた。重用されたウイングの乾貴士は、いかにもメキシコの監督が好きそうなタイプに思えました。スペインのサラゴサで監督していた時の八百長疑惑に巻き込まれ、大会後に契約解除されることになりましたが、戦い自体は可能性を感じさせたと思います。

山本　辞めさせない方が良かったと考えますか？

武智　当時の状況では、お引き取り願ったのは仕方なかったと思います。この件に関して、当然のことながら協会内でアギーレさんに入念なヒアリングをしたはずですから。その上で協会が下した結論なので、それを尊重すべきだと思いました。もし、アギーレさんにかけられた疑いがぬれ衣であると信じられるのなら、協会は続投させていたと思いますから。それができなかったのは、やはり一抹の不安があったからではないでしょうか。万が一にでも起訴されて裁判で有罪になったら、日本代表のレコードに、八百長に関与した監督が指揮を採った記録が残ることになる。これは先人が築いてきた歴史に泥を塗るのと同じことですから。

山本　あの段階ではグレーというか、よく分からない状況でした。

武智　アギーレさんにかけられた嫌疑がぬれ衣であると100パーセントの確信があるのなら、協会は「大丈夫です」とアナウンスすれば良かったと思います。そこまで言うのなら、きっとそうなんだろうと周りも納得したんじゃないでしょうか。今でも思うのは、アギーレさんがアジアカップで優勝していたら、どうしていたのかなということです。

山本　判断は余計に難しくなっていたのかもしれません。

武智　アギーレさんとの契約を解除して、その後に招いたのが、ヴァイッド・ハリルホジッチさんでした。オシムさんと同じくボスニア・ヘルツェゴビナ出身の監督です。

山本　また別の国の料理人が来たわけです。メキシコともスペインとも特に関連性のなさそうな人でした。

武智　ハリルさんはブラジルのW杯でアルジェリアを率いて良いサッカーをしていました。そこでドイツを追い詰めたという評価もありましたね。W杯で指揮を執っていることは一つの条件だったのでしょう。選手時代は主にフランスリーグでプレーした経験がありました。

山本　アルジェリアを率いてW杯に出た監督ということで、まず私が抱いた印象は、選手との主従関係をはっきりさせるタイプではないか、ということでした。私は南アフリカを率いてW杯に出たトルシエさんと一緒にやっているから、そう感じたんです。

武智　それほど多くのケースを知っているわけではありませんが、アフリカで仕事をしたヨーロッパの監督って、なぜか好戦的なタイプが多いような気がしてなりません。あれって協会やメディアやサポーターも好戦的なので、それに負けまいとして、おのずとファイティングポーズを取り続けることになってしまうのでしょうか。常に何かと戦っている印象があります。

山本　それはよくわかりませんが、ヨーロッパに比べると、チームを取り巻く環境にいろいろ未整備なところがあって、それを改善しようとしてどうしても周りと衝突してしまうというのはあるかもしれません。

武智　それはあるのかもしれませんね。

山本　ハリルさんが実際に来て仕事をし始めると、選手に対する評価が厳しいと感じました。「あれができない」「これができない」と強調する人だなと。それから「デュエル（1対1の闘い）」に対するこだわりですね。

武智　今では普通に言いますけど、「デュエル」はハリルホジッチ監督のキーワードの一つでしたね。

山本　選んだのは霜田技術委員長（強化担当）でしたが、２０１６年に会長選挙があって、大仁邦彌さんから田嶋幸三さんに会長が代わりました。それに伴って西野朗さんが技術委員長としてスタッフに入りました。西野さんはハリルさんのチームづくりについては評価していたところもあったと思います。ただ、選手にすごくストレスがかかっていることは、外から見ている私でもわかりました。

武智　コーチングスタッフには、16年リオデジャネイロ五輪を戦った手倉森誠監督が加わっていましたよね。

山本　日本人で4年間、コーチとして見続ける人間がチーム内にいたのは経験値として良いことでした。五輪監督の仕事を終えて、そのまま代表スタッフに残ったのは手倉森監督が初めてでしたから。

武智　そうですね。

山本　私は04年のアテネ五輪が終わるとジーコ・ジャパンのアシスタントコーチから

退きました。反町さんは08年北京五輪の後、オシム・ジャパンのアシスタントコーチから、関塚さんは12年ロンドン五輪の後、ザック・ジャパンのアシスタントコーチから退きました。それとは違う流れをつくったのは良いことだと感じていました。

武智　山本さんにしても、反町さん、関塚さんにしても、五輪監督の仕事を終えた後、代表のコーチに戻らないのは、五輪の成績が良くないと責任を取って辞めないと示しがつかない感じになるからですか？　それともそこでエネルギーを使い切ってしまうからですか？　関塚さんはロンドン五輪4位という好成績でも辞めましたよね。外国人監督の場合、選手との間に立つ調整役の日本人コーチが必要と考える私は、できることならチームに残り続けてほしいと思うんですけどね。

山本　私の場合は両方でした。

武智　先ほど「デュエル」についての話が出ましたが、ハリルホジッチさんのチームづくりは「時代の空気」のようなものとも関わっていたように思います。そのときどきの世界の潮流、それはほぼヨーロッパの潮流と同義で、それは日本にも当然のごとく影響を与えるわけですよね。

山本 世界の最先端の動きは当然、意識します。

武智 当時のサッカーは「ティキタカ」と呼ばれたボールを保持してパスをつなぎまくって相手を翻弄したスペインから、「ゲーゲンプレス」と呼ばれる強力なハイプレスと高速のショートカウンターで相手を圧倒するドイツへ、覇権が移っていく時期でした。その流れの中で「ボールを保持していれば、それでいいわけじゃない」という反省も出てきた。

山本 そうですね。

武智 それと連動して「縦に速く」というキーワードも出てきた。Jリーグでもチョウ・キジェさん（現・京都サンガF.C.監督）の湘南ベルマーレとか、集団でハイプレスを仕掛けてガーッとボールを刈り取りながら前に進んでいくチームが出てきた。それまでの日本は、どちらかといえば、ティキタカを求めていて、相手に触らせないくらいの感じでボールを回す、アンタッチャブルなサッカーを目指すのが良いとされていた。

山本　Jリーグでも後に川崎フロンターレがそれに近いものを実現させました。

武智　でも、世界を向こうに回したとき、コンタクトしながらプレーすることは不可避であり、デュエルに強くならないと試合にならないとハリルさんは説いた。そういう変化に私は日本をキャッチアップさせると。

山本　それがすごく新鮮に響いた。

武智　はい。それで「ハリルさんの言うとおりにやらせてみたら」という雰囲気になっていった気がします。でも、そもそもサッカーは何か一辺倒の競技じゃないですよね。いろんな要素が混然一体になっている競技なので、相手の力量や展開次第でティキタカみたいなこともできなければいけないし、場合によってはハイプレスを仕掛けたり、リトリートしてブロックをつくって激しくぶつかり合うこともある。

山本　それがサッカーです。

武智　いろんな人が代表監督になる度に日本代表の課題がいろんな形で話されるわけ

ですが、私にすれば、どれも当たり前なので、ときどき自分がメビウスの帯に乗っかって、ずっと同じところをループしている気になります。「なんかこれ、昔、聞いたな」みたいな。あまり言い過ぎると年寄りの繰り言みたいに思われるので控えていますけど（笑）。「1対1の闘いが大切だ」なんて、別に目新しくもなんともないでしょ。前にも話しましたが、岡田さんのチームの根本にも1対1のバトルで負けるなということがありましたからね。山本さんもそうでしょう？

山本　というと？

武智　縦に速くなんて、山本さんもアテネ五輪のチームの時に言っていませんでした？ボールを奪ってから何秒以内でシュートまで持っていけ、みたいな練習をさせていたと。

山本　やらせていましたね。

武智　ハリルさんの基準から見たときに、当時の代表には足りないと思ったから「デュエル」は強調されたんでしょうが、例えばヨーロッパでプレーしている選手からすれば、「そんなこと当たり前だよ」という感じだったのではないでしょうか。個人的な感想として、もうそろそろ普通でいいんじゃないかと思うんですよ。

山本　というと？

武智　監督が代わる度にキーワードとかキャッチフレーズとか代表チームで掲げるのはもうやめにしませんか、ということです。強いて言えば「うまくなって何でもできるようになってください」でいいじゃないですか。それが一番難しいか（笑）。

予選中から壊れかけていた選手との関係

山本　チーム内に目を向けると、ハリホジッチ監督が解任されたのは2018年の3月でした。前年に最終予選突破を決め、その後に行われた11月のヨーロッパ遠征の頃からギクシャクしていたようです。ブラジルに1－3で敗れて、ベルギーにも0－1で負けた、あの遠征です。

武智　12月には国内組で臨んだ日本開催のE－1選手権で1－4で韓国に負けて、さらにミソをつけました。年が明けて3月にマリと1－1で引き分け、ウクライナに1－2で敗れて、職を解かれることになりました。オシムさんから岡田さんの交代は病気が原因ですが、今回はそうじゃないし、本大会出場を決めた監督の解任ですから、日本では初めてのケースでした。

山本　17年は、とにかくアジア最終予選突破という大きな目標があるので小異を捨てて大同につくことができていた。不満を抱えながらも結果を出していたわけですが、このまま世界で戦えるのかという疑念は選手たちの中にくすぶっていたのでしょう。そのギクシャクが監督と選手の間に溝を生み、修復できないまで広がって、3月に噴出したということでしょう。W杯からW杯までの4年のサイクルの中で2回目となる監督交代が行われることになってしまった。

武智　任せたら4年は見守るのが協会の基本的なスタンスなので、異例の事態ではありました。

山本　一番の問題は信頼関係が薄れてしまったことだと思います。監督が選手を評価するのは当然ですが、試合の結果を選手のせいのように言ってしまうこともあった。それを外に向けて発信してしまった。これでは信頼関係は築けません。

武智　私もE－1選手権で韓国に負けた後、記者会見でハリルさんが「向こうの方がいいチームだった」みたいなことを言ったのにはがっかりしました。韓国も同じ国内組ですよ。引けを取るような相手では全然なかった。

山本　それはやはりダメですよね。負けた後こそ矢印を自分に向けるべきです。トルシエ監督の時代と比べてハリルさんが大変だったのは、選手との主従関係をはっきりさせようとしても、海外の大きなクラブでプレーする選手が増えてきて、彼らの方もしっかりと自己主張するようになっていたことでした。

武智　トルシエさんの頃とはチーム内における監督と選手の関係が大きく変わったんでしょうね。簡単に言うと、先生と生徒みたいな関係じゃなくなったというか。

山本　そういう縦関係が昔より築きにくい状況だったのは確かでしょう。

武智　ハリルさんはコートジボワールの代表監督時代、10年南アフリカ大会出場を決めたのに成績不振を理由にW杯本番の指揮を執ることはできなかった。モロッコの代表監督時代も、22年カタール大会出場を決めながら、チームの主力選手ともめて、大会3カ月前に職を解かれています。本当に頑固というか、同じことを繰り返すのは、本人が全く過ちだと思っていないからなんでしょうね。

山本　「俺はこういう人間なんだ」「俺のチーム・マネジメントはこうだ」という信念がある。それを課すことはできても、自らは変わることがない。

武智　ある意味で見上げた人だなとは思います。一切、ブレないわけですから。「カニは甲羅に似せて穴を掘る」と言いますが、良くも悪くもそれがハリルさんなんでしょうね。こういう解任騒動が起こると、外国人監督のマネジメントを協会はわかっていないとか、一部の選手の反乱説とか、いろいろ見方が出ますね。

山本　端から見ていた正直な感想としては、選手はよく我慢したと思います。選手サイドからの不満の声は、解任されたタイミングよりもずっと前からあったものの、技術委員長の西野朗さんは「ハリルには良い面もある」と最後までサポートする意向を示していた。評価もサポートも同時に行う技術委員長という難しい立場が、そう言わせていたのかもしれないですが。

武智　交代させればチームは浮上するということに、よほどの確信がないと、最終予選の間に動くのはかなり難しいですよね。チーム状況が悪いから監督を代えるわけだから、後任に指名された人間だって大変ですよね。

山本　現場には常に危機感があるものです。厳しい状況になると「ここで負けたらどうする?」という議論は常に水面下であります。一方で、生き物であるチームに火種はつきものであり、結果だけがそれを阻止できるというのもサッカーの世界なんです。

武智　クラブチームなんかまさにそうですよね。本当に進退が懸かった試合というのがあって、そこで負けると、電光石火で監督が解任されます。

山本　最終予選の間、ハリルさんもそういう薄い氷の上を歩いていた。そして本大会出場を決めても、監督と選手の間のギクシャクした関係はなんら変わることはなかったのだと思います。それを見て取った田嶋幸三会長がギリギリまで悩んだ末に最後は決断したのでしょう。日本の良さをより出してロシア大会を戦うことを考えたとき、みんなが一体感をもって結束することが必要だった。それには監督を交代しなければならないと。大会までの残り時間を考えると、後任には西野さん以外に適任はいなかったと思います。技術委員長という立場で練習に立ち会い、選手の特徴を把握し、チームが今どういう状況にあるかもわかっていましたからね。

武智　これまで何代もの代表チームを見てきましたが、メディアにどれだけたたかれようと、協会の幹部ともめようと、選手と監督の間に信頼関係があれば、チームの先行きを心配することはないと思っています。

山本　裏返すと、それがないチームは何をやってもダメです。結束があれば、チーム力は何倍にもなる可能性がありますから。カタール大会の登録選手は26人でしたが、この中の25番目や26番目に選ばれたような選手が「チームのためなら何でもする」と思うようでなければ、やっぱりW杯で結果は出せません。

第10章

西野朗

～日本人監督ならではの選択と日本人離れした選択～

西野 朗

にしの・あきら／1955年４月７日生まれ、埼玉県出身。浦和西高から早稲田大を経て、日立に入社。現役時代のポジションは攻撃的ＭＦで日本代表でもプレーした。90年に現役を引退し、翌年から日本ユース代表監督、94年からは五輪代表監督を務め、28年ぶりに本大会出場を果たす。本大会ではブラジルを破った（マイアミの奇跡）。98年に柏レイソルの監督に就任し、翌年にリーグカップに優勝。02年からはガンバ大阪を率いて、国内全タイトル、08年にはACLも制した。その後、神戸、名古屋でも指揮を執り、16年３月に日本サッカー協会の技術委員長に就任。18年４月に代表監督に就任し、ロシアW杯ではラウンド16進出を果たした。

在任期間	2018年4月－2018年7月
主な大会の成績	ロシアW杯・ラウンド16（18年）
就任背景	W杯2カ月前の監督解任に伴い、技術委員長としてチームを間近で見ており、事情をよくわかっているという理由から就任。
事績	ハリルホジッチ前監督時代に積み上げた強度や縦に速いサッカーを踏襲しながらもボール保持を重視。選手の覚悟ややる気を引き出しつつ、本大会では現実的な戦いも見せて決勝トーナメントに進んだ。

2018 ロシアW杯メンバー

Pos.	No.	名前	所属(当時)
GK	1	川島永嗣	メス(FRA)
	12	東口順昭	ガンバ大阪
	23	中村航輔	柏レイソル
DF	2	植田直通	鹿島アントラーズ
	3	昌子　源	鹿島アントラーズ
	5	長友佑都	ガラタサライ(TUR)
	6	遠藤　航	浦和レッズ
	19	酒井宏樹	マルセイユ(FRA)
	20	槙野智章	浦和レッズ
	21	酒井高徳	ハンブルク(GER)
	22	吉田麻也	サウサンプトン(ENG)
MF	4	本田圭佑	パチューカ(MEX)
	7	柴崎　岳	ヘタフェ(ESP)
	8	原口元気	ハノーファー(GER)
	10	香川真司	ドルトムント(GER)
	11	宇佐美貴史	デュッセルドルフ(GER)
	14	乾　貴士	ベティス(ENG)
	16	山口　蛍	セレッソ大阪
	17	長谷部誠	フランクフルト(GER)
	18	大島僚太	川崎フロンターレ
FW	9	岡崎慎司	レスター(ENG)
	13	武藤嘉紀	マインツ(GER)
	15	大迫勇也	ブレーメン(GER)
監督		西野　朗	

RESULT

■ ロシアW杯

- 2018年6月19日(GS@サランスク)

  日本 2-1 コロンビア

  得点:(日)香川真司、大迫勇也
  (コ)キンテロ

- 2018年6月24日(GS@エカテリンブルク)

  日本 2-2 セネガル

  得点:(日)乾貴士、本田圭佑
  (セ)マネ、ワゲ

- 2018年6月28日(GS@ヴォルゴグラード)

  日本 0-1 ポーランド

  得点:(ポ)ベドナレク

- 2018年7月2日(ラウンド16@ロストフ)

  日本 2-3 ベルギー

  得点:(日)原口元気、乾貴士
  (ベ)フェルトンゲン、フェライニ、シャドリ

ガタついたチームを立て直す話し合う力

山本　ワールドカップ（以下、W杯）・ロシア大会まで2カ月強というタイミングで、田嶋幸三会長が決断し、技術委員長だった西野朗さんが2018年4月に監督になりました。あのタイミングで外から新たな人材を持ってくるのは不可能だったと思います。西野さんならチームのことがわかっているし、スタッフともコミュニケーションが取れる。代表チームは選手の人数は23人ですけど、選手のために動くスタッフは50人くらいいますから。実際のところ、技術委員長に監督ができる人がいてよかったと思います。残り2カ月というところで日本の事情をよく知らない外国人監督に仕事を頼むなんてあり得ないし、西野さんがいなければ、交代することは難しかったと思います。

武智　私もあのタイミングで監督を交代するならできる人は限られていたと思います。

山本　監督交代でまず起こった変化が、メンバー入りの当落線上だと言われていた本田圭佑や香川真司たちのモチベーションがすごく上がったことです。これは西野さんの特徴の一つだと思いますが、人の話をよく聞くんですよ。選手一人一人と話し合った後、私が西野さんから聞いて、とても印象に残っているのは、本田たちについて「あいつらのやる気がすごいんだよ」という言葉でした。W杯に懸ける思いがとにかく強いと。

武智 W杯に懸ける思いは選手なら誰もが強いと思うのですが、その中でも抜きんでて強かった、ということなんでしょうね。本田や香川、岡崎、長友らベテランと呼ばれる選手は最後のW杯になるかもしれないから余計にそうなんでしょうね。出たからこそ余計にわかる、W杯の価値、重さ、みたいなものもあって。ガタついたチームの立て直しに、西野さんが話し合いを持ってきたのは良かったと思います。一番の問題は監督と選手の間の信頼関係が崩れたことだったと思うので。信頼がすべてとは言いませんし、信頼があれば何でも乗り越えられるとは言いませんが、信頼関係が無ければ何も乗り越えられないのは確かでしょう。監督と選手に信頼関係があれば、外からの批判が強くなればなるほど、逆に「今に見ていろよ」とチーム内で結束が強まることも期待できる。そんな例もW杯で腐るほど見てきましたよね。

山本　1986年大会で優勝したアルゼンチン代表はその典型でした。率いたカルロス・ビラルド監督は大会前になって3バックを採用し、大会中は多くの批判を浴び続けた。「攻撃はマラドーナ頼りだ」というメディアやサポーターからのバッシングはすごかった。でも、チームの中は監督とキャプテンのディエゴ・マラドーナが固い絆で結ばれ、選手もマラドーナの力を最大限に引き出すために働きバチのように労を惜しまなかった。そして勝ち進むほどにチームが一つになって優勝した。

武智　「戦術はマラドーナ」と批判されましたが、前線のバルダーノ、MFのブルチャガ、バティスタ、CBのブラウン、ルジェリとか、いぶし銀の選手が、マラドーナを立てながらいい味を出していましたよ。決して、マラドーナの力だけで勝ったわけじゃない。

山本　一方、2010年南ア大会のフランスはフランク・リベリー、ティエリ・アンリ、ニコラ・アネルカ、ウーゴ・ロリス、パトリス・エブラと優秀な選手はたっぷりいたのにグループステージで敗退した。

武智　大会前からレイモン・ドメネク監督の人心掌握が心配されていました。案の定、監督と衝突したアネルカは大会中に強制送還されて。チームは空中分解しました。

山本　過去の歴史を見ても、一つにまとまることは結果を出す上で大前提になる。

武智　ニワトリが先か卵が先かみたいな話ですが、結果を出しながら一つにまとまるパターンもある。

山本　ええ。だからこそ初戦は大事で、その初戦で結果を出すには一つにまとまっている必要があるんです。その点から言うと、オフト時代に「ドーハの悲劇」を経験し、あのコントロールが効かないロッカールームを知っている西野さんが、ハリルさんの後に監督になったことには意味があったように思います。

武智　パニックにならないですよね、西野さんは。腹が据わっているというか、どんなときでもどっしりという感じで構えていますもんね。

山本　日本サッカーが刻んできた歴史を知り、目には見えない日本代表の財産を共有してきた人ですから。ロシア大会に臨むにあたって、西野さんは本田や香川、岡崎らをメンバーに選んだ。その期待に応えて香川はロシア大会初戦のコロンビア戦で先制のＰＫを決め、本田は第２戦のセネガル戦で同点ゴールを挙げました。

武智　本田のゴールには岡崎が渋く潰れ役で絡んでいました。

山本　そんなの結果論だよという人もいると思いますが、私はすべて一本の線でつながっていると感じています。

武智　香川の放ったシュートがカルロス・サンチェスのハンドと退場を誘発し、ＰＫまでもぎとったのですから、チームを軌道に乗せる上で香川の功績は大でした。

山本　あの一連の攻撃で、ＣＦの大迫勇也にポーンと長いパスを出したのも香川ですからね。

武智　図らずもハリルさんが求めていた縦に速い攻撃を実践していた。

山本　確かにそうです。昌子源のクリアをダイレクトで前線の大迫に送って、その間に香川はゴール前までスプリントしていた。ハリルさんに一番足りないと言われていたスプリントです。本田はセネガル戦の同点ゴールで、W杯3大会連続ゴールとなりましたが……。

武智　あれは、よく浮かしてDFの間を通しましたよね。

山本　あそこで浮かせる余裕があった。それも南ア、ブラジル、ロシアとW杯に3大会連続で出ている選手の成せる業でしょう。西野さんが選手に会いに行ったときに確認していたのは、コンディションはもちろんですが、W杯に対してどのくらいの思いがあるのかということでした。そして、ここは重要だと思うのですが、連れていってやるかという上から目線ではなく、「一緒に来てもらえるか？」「一緒に戦えるか？」という共闘の姿勢なんです。パフォーマンスだけにフォーカスしていけば、他に優秀な若い選手がいたかもしれません。でも、W杯に懸ける思いや情熱を見ていくと、ベテランと呼ばれる彼らの方が優先順位の上にきた。岡田さんの項でも話しましたが、西野さんも、そういうところを見ることができる監督なんですよね。W杯前に西野さんと話したとき、「彼らはやってくれるよ」と自信を持って私に言い切っていました。

武智　野球なんかもそうですけど、データ全盛の今は「この投手が出てきたらこの代打」みたいに判で押したような用兵が一層強まっている気がします。確率論としては間違っていないんでしょうけど、それで、人事を尽くしたことになっている。本当にそれだけで決まるのかな、という思いが私にはどうしてもあります。データを見るのと同時に、選手の表情とか気配、たたずまいを見ろよ、という気がするんですね。

山本　戦術論をぶってシステムがどうとか、誰々を使え、とか言う声が今は多いですよね。その見方は全く否定しませんし、どんどん言ってくださいというところですけど、チームの中の人間がまず見なくてはいけないのは、その選手に「覚悟」があるのかどうかです。それは目に見えない部分だから外からはわからないかもしれません。でも、実際の大会で何より重要になるのはその部分。それがなければ、ピッチに立っても力を出せない。そして、私がこれまでの代表、W杯を見てきて思うのは、そういうことがわかる人でなければ、監督には向いてないということです。

武智　直感とか、ひらめきって、勝負事には必ずある側面ですよね。ただの行き当たりばったりではなくて。ロジカルに死ぬほど考えた先に、ぱっと浮かぶ何かがあると、岡田さんから聞かされたことがあります。

山本　サッカーの論理的な話は活発に議論すればいいし、した方がいい。でもいま話したような理屈で説明するのは難しいけれども、着実に積み重ねてきた経験からわかることや、目に見えないけれども大切なことがある。そういうことをしっかり伝えて、つないでいくことはとても重要だと思います。今のサッカーはこうなっているという基準をデータで示すことはとても大切なこと。データでしか語れないことは確かにある。その一方で、覚悟とか執念とか情熱とか感情的な要素も勝負事には存在し、それらをバランスよく組み合わせた先に、さらにファン、サポーターの思いみたいなものが必要になる。「W杯でベスト8以上に勝ち上がる」ということを本当にターゲットにするのなら、どれだけの人がそれを本気で信じてチームに思いを託せるか。そういうすべてをそろえることが、W杯で結果を出すには必要なんです。

武智　そうなんでしょうね…。ことW杯に関しては「無欲の勝利」なんかありえないんでしょう。ましてや優勝となると、本気で願っている、本気で信じているという大勢の人の支えがないと到底届かないものなんでしょうね。

選手の特徴と覚悟を見抜く目

武智　本大会まで時間が限られる中で行った西野さんのチームづくり、そして本大会での選手起用と戦いぶりついてはどう見ていましたか。

山本　ハリルさんのチームを側で見てきた人だから、縦に速いというコンセプトは生かしながらも、ある程度ボールを保持できないと、W杯で勝つのは難しいと考えていたと思います。だから日本人のボールをつなぐ力を生かすべく、それ向きのメンバーを選んでいったと思います。

武智　最後のテストマッチとなった6月12日のパラグアイ戦（インスブルック）を4

－2で勝ちました。そのとき、躍動した香川、乾貴士を攻撃の軸にして初戦のコロンビア戦に臨みました。

山本　乾の起用は彼のドリブルを生かせると踏んだからで、DFラインには槙野智章ではなく、昌子源を起用しました。昌子の方が背後を突かれた時にスピードで対応できるという考えがあったからだと思います。全体的にはポゼッションができることを想定したメンバーになっていた印象です。

武智　昌子はあの大会で一番、私が感心した選手かもしれません。いわゆる国内組で、日常の仕事場であるJリーグとW杯では求められるレベルに違いがあるはずなのに普通に対応できていた。すごいポテンシャルの持ち主だと思いました。

山本　そういう意味で西野さんには選手の力量を見極める力があった。W杯で勝つために必要なことを考えた上で、このメンバーでどうやったらそれが実践できるチームになれるかを重視していた。その結果が初戦のメンバーだったと思います。

武智　面白いと思うのは、大会前に突貫工事をしながら、西野さんは攻めに出るチームをつくったことです。岡田さんと西野さんの個性の違いをそこに見る思いがします。西野さんのチームは最終的にロシア大会のラウンド16で負けましたけど、どこか「すごい試合を見させてもらったな」という思いが残りました。負けたのにスカッとしたというのは変な表現になりますが。

山本　一時は優勝候補のベルギー相手に日本が2－0でリードしましたからね。西野さんのチームビルディングは一面では成功したと思います。ただ、リードした後の戦い方について、まだ日本は経験値が足りなかったということもはっきりした。いかに試合を締めくくるかというのが、課題として残りました。過去のラウンド16の内容を振り返ると、日韓大会のトルコ戦は0－1でやられた。

武智　僕個人としては、すごく残尿感がある試合でした。もったいないな、という感じ。

山本　南ア大会のパラグアイ戦は0－0で終わったけど、結局PK戦で敗れた。

武智　はっきりと「勝てた」という感想は残りませんでした。ここが精いっぱいかな、というか。

山本　ベルギー戦は先に2点を取ったけど、逆転負けを喫した。アディショナルタイムの94分にカウンターを食らったわけです。守備のセットプレーの怖さはもちろん知っていたけれど、あのカウンターはベルギー陣内の日本のコーナーキックからでした。攻撃のセットプレーです。攻めている側が一瞬で窮地に立たされる。その怖さを、あそこで知ることになった。

武智　なぜ、あそこで素直にコーナーキックを本田は蹴ったのかと、試合後に言われましたよね。ベルギーは、日本がコロンビア戦で大迫の頭にピンポイントで合わせて勝ち越し点を奪ったことを当然知っていて、再び本田がそこに蹴ってきたら、GKのクルトワは素早くキャッチ・アンド・リリースして速攻を狙う手はずだったと。でも、その前に本田は惜しい直接FKを蹴ってクルトワを脅かしていたし、キックの感触は悪くなかったんでしょう。一気にカタをつけたくなる気持ちも分かります。

山本　W杯で日本は相手を尊重して戦った時代があって、それを経て自分たちのサッカーで戦おうとした時代が来て、ベルギー戦ではそれを貫いて勝利目前まで行った。しかし、それだけではダメなことに気づかされた。相手も日本のことを研究してくるわけで。例えば、ベルギーは2点を追いかける展開になると背の高い選手を次々に投入してきました。

武智　メルテンスに代えて、もじゃもじゃ頭の194センチの長身フェライニですよね。カラスコに代えて入れたシャドリも187センチあります。65分に同時に2枚替えの追撃策でした。そしてフェライニが見事な同点ゴールをヘディングで74分にたたき込みました。94分の決勝点を決めたのはシャドリでした。

山本　ベルギーが過去の試合でパワープレーに出たというデータは日本にはなかった。それでも何か対抗する策を講じた方がよかったのかもしれない。

武智　こちらも空中戦に強いDFの植田直通を入れるとか。

山本　選手一人ひとりの危機管理も足りなかった。69分のベルギーの反撃の1点目は乾のクリアが小さくなって、まぐれのようなヘディングをフェルトンゲンに決められたことでした。

武智　あのヘディングが決まり、ベルギーの士気は上がったと思います。「まだ俺たちにツキがある」と。逆に僕は、あの1点目を取られたとき、やばいと思いました。あんなヘナヘナのシュートより、目の覚める弾丸シュートを決められた方がよほどマシだと思いました。西野さんは後に、2－0になってからの試合の加速感についていけなかったと振り返っています。

山本　その正直な発言は、日本の財産になっていくと思いますよ。あの試合、私は解説を務めていたのですが、48分に原口元気、52分に乾がシュートを決めて2－0になった瞬間、みんなが歓喜する中で、キャプテンの長谷部誠はベンチに寄って行って西野さんと何やら話していた。後で西野さんに聞いたところでは「この後、どうしますか？」という相談だったと。とても冷静で、さすがは長谷部ですけど、西野さんは「ハセが来たんだけど、俺、このままでいいと答えた」と言っていました。それはそうですよね、まだ相手が動く前だったから。でも、ベルギーが65分に2枚替えした後は、向こうの狙いを読んで何らかの手は打つべきだったと思います。データにないことをやってくるのがW杯で、日本はそれをやられてしまった。

武智　2－0でリードして、リードしている方が先に動いて流れを自ら断ち切ったら元も子もないので動けない。それはわかります。追う立場になったベルギーがパワープレーに出たとき、ふと思い出したのが、ブラジル大会のギリシャ戦で一人少なくなった相手を攻めあぐねた日本が吉田麻也を前に上げてパワープレーに出たことでした。あのときは試合後に「なんでそれまでやったことがないことをやるんだ」「そんな方法しか点の取り方がないのか」と批判されましたけど、日本より格上のベルギーも、いざとなれば「自分たちのサッカー」なんか棚上げして、「とにかく相手の嫌なことをやろうぜ」と徹底してくるわけですよね。

山本　試合の中で、日本の弱点を見ながら選択しているわけですよ。パワープレーをやること自体は全く間違いではない。相手が空中戦に強かったらやらなければいい、スキがあると思えば、やればいいだけの話で。今であれば、ＶＡＲがあるから、とにかくペナルティーエリアの中へドリブルで進入して、PKの可能性を増やせ、という選択もある。要するに、そういうすべてのことが監督の頭の中にあることが望ましい。また、その頭の中にあることを表現できる選手がベンチにいることが望ましい。

武智　つまり、あのベルギーが空中戦を挑んできたとき、それを封じる駒がベンチにいて投入できていたら、それで日本は投了にできたかもしれないと。話は前後しますが、ラウンド16進出をかけたグループステージ第3戦のポーランド戦の西野さんの選択についても議論を呼びましたね。私は、あのとき、西野さんのことを「日本人離れしている！」と思って、仰天しました（笑）。

山本　59分にポーランドに先制された後、同時刻に行われていたセネガル対コロンビア戦の推移を横目でにらみながら、「追いつかない」という選択をしたことですね。試合はそのまま0－1で終わり、日本はセネガルと1勝1敗1分けで同勝ち点、同得失点差ながら、フェアプレーポイントで上回ってH組2位を確定させました。

武智　はい、上に勝ち進むために負けを受け入れる選択をしたわけです。僕はブラジル大会を振り返る中で「神の手に委ねることができない日本人」という話をしましたが、西野さんはそれができる人だった。「俺には絶対無理、なんて人だ！」と思いました（笑）。見えない他会場の結果に運命を委ねたわけですから。

山本　あの試合で日本は第2戦から6人先発を入れ替えました。決勝トーナメントでの戦いを見据えてターンオーバーしたわけです。西野さんに言わせれば「6人しか替えられなかった」ということ。それ以上はリスクがありすぎると判断したわけですが、本当なら「全員を替えたかった」ようです。

武智　6人でもすごいことですよね。まだグループステージの突破は決めていないわけですから。

山本　グループステージ突破はもちろんターゲットとしてあるけれど、それ以上にラウンド16以降の戦いで新たな歴史を創ることを考えていたのだと思います。そのためにはターンオーバーは欠かせないという判断でした。

武智　アンダーエイジのW杯ならまだわかるんですけど、大人のW杯でそれをやるのは相当な勇気がいると思います。でも、振り返ると西野さんは大会前から「連れてきた全員で戦う」と言っていた。私はチームを鼓舞するためのスローガン的な意味合いなのかと思っていたのですが、本心だったわけですね。

西野監督らしさが表れたポーランド戦

山本　後半、日本は0－1でポーランドにリードされ、他会場のコロンビア対セネガルはコロンビアが1点リードしている状況になった。そのまま試合が終われば、勝ち点、得失点差、総得点の全てでセネガルと並ぶことになりますが、イエローカードの枚数が少ない日本がフェアプレーポイントの差で2位に入り、決勝トーナメントに進めるという状況でした。

武智　私もそれで目の前の試合はそっちのけで、コロンビア対セネガルがどうなっているのか、そっちの方が気になって、気になって……。

山本　試合終盤にＦＷを入れる考えもあったようですが、82分に切った3枚目のカードは長谷部でした。他会場で何かが起こったら長谷部に情報を入れてピッチ全体にその考えが行き渡るようにしていた。ピッチに入った長谷部は下がり気味にプレーして、ボールを回すように指示した。ポーランドも勝っているから無理に攻めてこない。もしかしたら、ドイツ語で長谷部がバイエルン・ミュンヘン所属で顔なじみのロベルト・レバンドフスキあたりに「このままでＯＫだろ?」と話していたかもしれない（笑）。

武智　長谷部が停戦協定の隠密の使者だったのか（笑）。冗談はともかくとして、点を取りに行かず試合を終わらせるという決断は相当にすごいことですよね。ポーランドが停戦を受け入れず、2点目を取りに来る可能性もあるわけでしょう?　セネガルが、ぽろっと同点に追いつく可能性もあるわけで。

山本　西野さんは内心、試合が終わった瞬間に、他会場の情報を追っているスタッフから背中を叩かれて「セネガルが点を取りました」と報告してくるんじゃないかと、実はドキドキしていたらしいです。

武智　そうですか。やっぱりドキドキはしていたんですね。良かった（笑）。

山本　他会場のスコアが動けば、その瞬間に点を取りにいかなければならなかったわけですからね。

武智　でも、セネガルの同点ゴールがアディショナルタイムだったりしたら、日本が慌ててそこから点を取りに出ても追いつけない可能性の方が高いでしょう。

山本　ただね、ポーランドに先制された後、日本がギアを上げて追いつこうとしたら、それを逆手に取るポーランドに2点目、3点目を奪われる予感が西野さんはしたらしいです。それも、あの選択を決断させた理由の一つです。

武智　寝た子は起こさずに、という感じで、目の前の試合はコントロールできるかもしれません。でも、他会場の試合はコントロールできませんよね。だから、繰り返すようですが、すごい決断だと思うんですよね。

山本　あの決断を「スポーツマンシップに反する」という人がいました。でも、そういう人にはW杯を90分×3試合として見るのではなく、1試合270分のパッケージで考えてみてくださいと言いたいです。180分を過ぎた時点で日本は2位で、ポーランドに先制された後も、そのままの状態をキープすればラウンド16に進めるんですよ。つまり、ずっとセネガルをリードしていることに変わりはないわけで、ポイントはそのリードをいかに保ち続けるか、だった。そのための選択があれだったということです。

武智　4人で囲む麻雀に似てますよね。最終局、安全牌だけを切って、とにかく振り込まないようにして流局に持ち込めば2位で上がれるみたいな状況だった。だから私もフェアプレーの観点から西野さんの判断に文句をつける気はありません。

山本　そういう議論が出てくるのは、まだまだ日本にサッカー文化が根付いていないということなのかもしれません。こういう瞬間、瞬間を経験して、歴史を重ねて、理解を深め、文化として根付いていくのだとは思いますけど。

武智　1戦必勝で全勝優勝を目指すノックアウト方式と、4チームのうち上位2チームが上に進むリーグ戦でその順位の決め方も複雑という方式とでは、育まれる思考や文化に違いが生じるのは当然かもしれませんね。でも、しつこいようですが、最後の最後でセネガルが「ツモ」なんてことになっていたら、その瞬間、西野さんが採った手は最低最悪のそしりを免れなかったと思うんです。2位になってもたたく人はいたわけですから。それを思うと、やりきったのはすごいと思います。むしろ、世間はポーランドに追いつこうとして逆にカウンターをバンバン決められて負けた方が許してくれそうですもん。

山本　先ほどもベルギー戦について話す中で触れましたが、W杯は理解できないこと、データにないことをやる舞台なんですよ。南アフリカ大会のパラグアイとのPK戦でGKの川島永嗣は最初の2人のキッカーの蹴る方向を完全に読んでいた。しかしコースが厳しくて取れなかった。それを見たパラグアイは何をしてきたかといえば、3本目からは各人がデータにない場所に蹴ってきた。そこからの川島はノーチャンスでした。状況や相手を見ながらプランを変える力、データにないことをその場でやってのける力という点で相手が勝っていたわけです。そういう力も必要なんですよ。

武智　カタール大会の前に森保一監督に、西野さんのポーランド戦の決断について聞いたことがあるんです。そうしたら「全く正しいと思いますよ」という答えが返ってきた。それは無理して前に出て行っていたら、０－２にされるという感覚をコーチとして共有していたからだと思います。そういう現場の判断の重要性を現在の監督が知っていることは素直に良いことだなと感じました。

山本　西野さんの後任に森保監督が選ばれた理由は幾つもあると思いますが、その最たるものは西野さんの下でコーチとして監督就任以降の動きをすべて観察していたことが大きかったと思います。短期間ではありましたが、ある種の帝王学をそこで学ばせたのだと思います。オフトさん以降、日本の代表監督のバトンが外国人監督を狭まずに手渡されるのは、任期を満了した形では初めてのことです。その成果がどういう形で表れるか。今後も注目していきたいと思います。

選手の力を引き出すことに注力した西野朗監督。
写真はポーランド戦で長谷部誠に考えを伝えるシーン

山本 昌邦（やまもと まさくに）

1958年4月4日生まれ、静岡県沼津市出身。国士舘大卒業後、81年にヤマハ発動機株式会社サッカー部に入団。現役時代のポジションはDF。冷静な判断と鋭いタックルを武器にユース代表、ユニバーシアード代表、日本代表と各世代で日の丸を背負う。87年に29歳で現役を引退し、指導者の道に進むと、ヤマハ発動機のコーチ、97年のワールドユースの監督、ジュビロ磐田のコーチを務めたのち、日本代表コーチとしてフィリップ・トルシエ氏を支え、2002年W杯でベスト16の成績を残す。大会後にはアテネ五輪代表監督に就任し、本大会出場に導く。04年11月からは古巣・磐田の監督も務めた。長くサッカー解説としても活躍し、2023年2月に日本サッカー協会のナショナル・ダイレクターに就任した。

武智 幸徳（たけち・ゆきのり）

1961年生まれ、兵庫県出身。早大卒。1984年、日本経済新聞社に入社し、運動部に配属される。以後、ほぼ一貫してサッカーを担当するとともに、アマチュアスポーツ、ボクシング、大相撲、プロ野球なども担当。アジア大会（90年北京、94年広島）やオリンピック（92年バルセロナ）などの国際大会も取材し、FIFAワールドカップは90年のイタリア大会から現地に足を運んでいる。2022年のカタール大会では8大会以上の取材者としてAIPS（国際スポーツ記者協会）より表彰を受けた。運動部次長、部長を経て、現在は総合解説センター編集委員。山本昌邦氏との共著に『深読みサッカー論』『サッカー教養講座』がある。またラジオNIKKEIでサッカー人を深堀りする『武智幸徳のピッチの空耳』のパーソナリティーを担当。

CREDITS

特別協力
株式会社 サムデイ
日本経済新聞社

編集
佐藤 景

デザイン
黄川田 洋志

写真
Getty images
株式会社ベースボール・マガジン社

サッカー日本代表《にほんだいひょう》
W杯《ワールドカップ》で勝《か》つための監督論《かんとくろん》
徹底対談《てっていたいだん》　代表監督《だいひょうかんとく》に必要《ひつよう》な資質《ししつ》とは？

2023年4月30日　第1版第1刷発行

著　　者　　山本《やまもと》 昌邦《まさくに》／武智《たけち》 幸徳《ゆきのり》
発 行 人　　池田 哲雄
発 行 所　　株式会社ベースボール・マガジン社
〒103-8482 東京都中央区日本橋浜町2-61-9
TIE浜町ビル
電　　話　03-5643-3930（販売部）
03-5643-3885（出版部）
振替口座　00180-6-46620
https://www.bbm-japan.com/

印刷・製本　　広研印刷株式会社

ISBN 978-4-583-11601-3 C0075